4児を育てる
HSP/HSC専門カウンセラーが導く

HSC子育てが楽になる ほんわり癒しのセラピーBOOK

稲石まよ 著

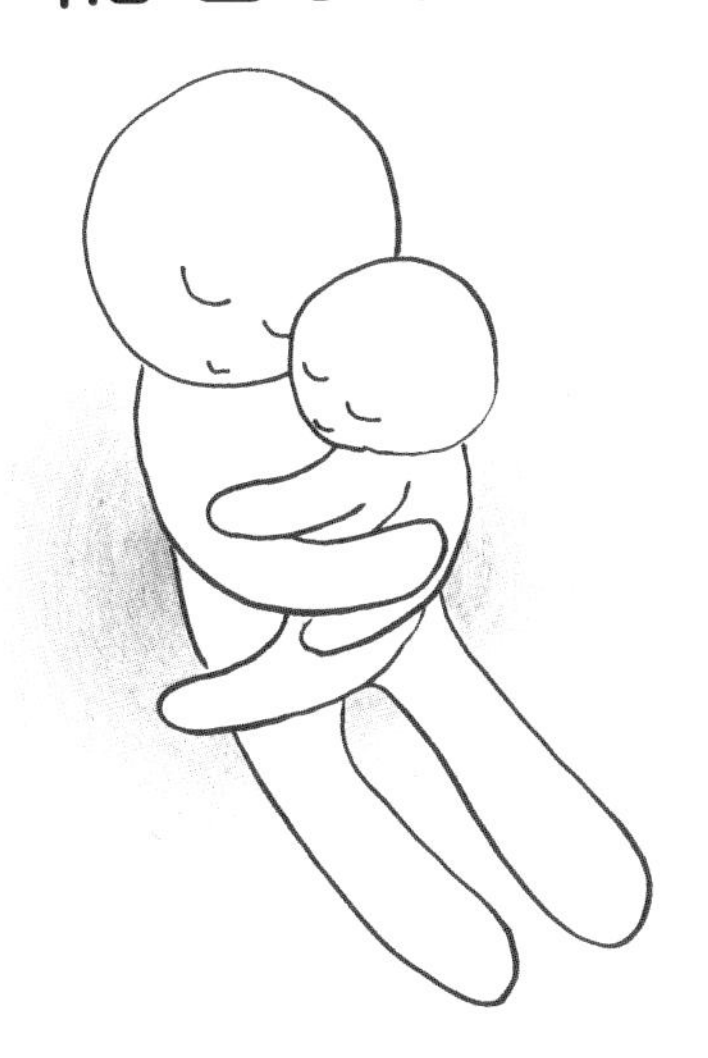

セルバ出版

モヤを少しずつ取り除き、お互いがまっすぐに愛情を直視できる状態をつくるお手伝いをさせていただいています。

しかし、カウンセリングを受けようというところに到達するまでも、本当にたくさんたくさん悩んで解決策を探したり、勉強したり、多くの時間を費やして、それでもどうにもならないと、また苦しくなるという日々を繰り返し過ごされている方がたくさんいるという現状も痛感しています。そんな方にとって、少しでも安心材料になればという想いと、様々な情報に惑わされ混乱してしまっている親御さんが、本来あるべき姿を取り戻していただきたいという想いで本書を書かせていただきました。

私もＨＳＣを育てる中で、本当にいろいろな葛藤がありましたし、何を試しても思うようにいかずに焦ったり不安になったり、もう本当にお手上げだと感じた瞬間も何度もありました。

今までかけてきた子供への愛情はお母さん（お父さん）が誰よりもわかっていますし、お子さんは誰よりもその愛情を感じているのは間違いありません。

あとは、それが親子でまっすぐに行き来する、その間にある障害を丁寧に取り除いていくこと。

本書では、読み進めていくだけで自然と心理療法を親御さんがご自分自身に取り入れられるよう工夫をしています。

本書を通して、少しでもＨＳＣを育てるお母さん（お父さん）の心が軽くなり、本来の軽やかなご自身を取り戻していただけたら嬉しく思います。

そして、お子さんがいくつになったとしても、大切なわが子であることは変わりありませんので、本書では本来ＨＳＰと表現する部分でも、お子さんに関してはすべてＨＳＣという表現をさせていただきます。

では、本題に入らせていただきますね。

２０２３年２月

稲石　まよ

はじめに

初めまして。HSP/HSC専門カウンセラーの稲石まよと申します。
HSP（ハイリー・センシティブ・パーソン）、HSC（ハイリー・センシティブ・チャイルド）を専門とし、日々親子のカウンセリングをしている中で「こんなにも想い合っている親子が、ちょっとした行き違いでそのお互いの愛情に気づかないのはもったいない」と感じることが本当に多くあります。

少しでもそのボタンの掛け違いのような状態になっているご家庭のお役に立てたらと思い、本書を書くことを決めました。

子供のために自分にできる限りのことはしてあげたい、もっと親としてこの子にできることがあるはず、どう向き合っていったらいいんだろう、この子を私が余計に苦しめているのではないか、そんな自分を奮い立たせるような想いと不安を抱えながらお子さんを育てていて、その不安が大きくなることで自分のしていることが本当に正しいのかわからなくなり、自分の子育てに自信が持てなくなってしまう親御さん。

これをしたらお母さんが心配するから自分で何とかしよう、お母さんが安心できるように笑顔でいよう、いい子にしていればお母さんは喜んでくれるかな、そう考えて自分を出せず1人で抱えこみ、本来の自分がわからなくなったり、自分で自分をコントロールできない苦しさと1人で闘っていたり、自分を否定しながら自己肯定感を下げていってしまうＨＳＰのお子さん。

本来は、どちらも気を遣わず自分らしく関わることでその根底にある愛情はストレートに伝わるものですが、愛しているがゆえにお互いを思いやることや気遣うことで方向がずれ、余計にこじらせて愛情が伝わりにくい、受け取りにくい状況になってしまい、１００％の愛情が30％も伝わってないということが起きている親子さんが多いように感じています。

子供が愛情を受け取ってくれていないと感じているお母さん（お父さん）の心にあるモヤモヤと、お母さん（お父さん）が自分のことをわかってくれていないのは本当に愛されていないからかもしれないと感じるＨＳＣのお子さんの心のモヤモヤ。

カウンセリングでは、このようなお互いのモヤ

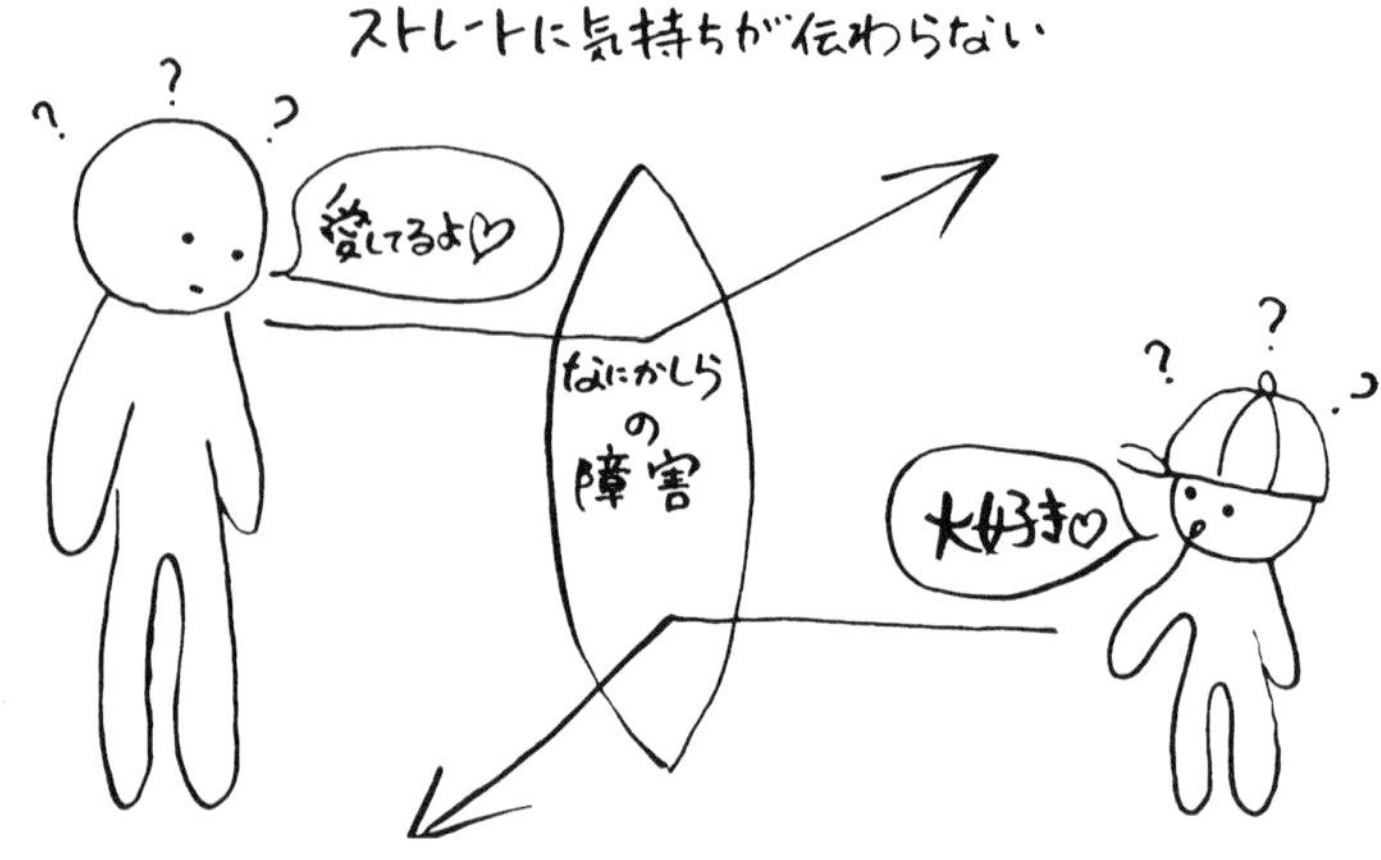

4児を育てるHSP／HSC専門カウンセラーが導く
HSC子育てが楽になる　ほんわり癒しのセラピーBOOK　目次

※HSPとは、生まれつき「非常に感受性が強く敏感な気質もった人」という意味で、「Highly Sensitive Person（ハイリー・センシティブ・パーソン）」と呼び、頭文字をとって「HSP（エイチ・エス・ピー）」と呼ばれています。また、HSCとは、Highly Sensitive Child（ハイリー・センシティブ・チャイルド）の略で、生まれつき「敏感で繊細な子供」のことを言います。

第２章　本当のＨＳＣを理解していきましょう

第3章　乳幼児期のＨＳＣのお悩み

第4章　学童期ＨＳＣのお悩み

第5章　思春期HSCのお悩み

第6章 社会人HSCの悩み

第7章　HSCに寄り添うために、「助けてほしい」を知っておきましょう

第8章　HSCは、こうやって自分らしくなっていくのです

第9章 HSCが最短で幸せになれる方法

第10章 それでも親は何かしてあげたいと思ってしまうのです

第1章　わが子がHSCだと気づいてからのお母さん（お父さん）のお悩み

1　お子さんに共感しすぎて一緒につらくなる

自分のことのようにつらくなってしまう

お母さん（お父さん）がＨＳＰの場合は特に感じやすいところですが、お子さんに共感しやすく、そのときのお子さんの悲しみや苦しさ、不安をダイレクトに受け取ってしまうことがＨＳＰ気質のお母さん（お父さん）の苦しいところでもありますよね。

お子さんが目の前で泣いて学校に行きたくないと言っている。そんな姿を見ていると、こんなに泣けてしまうほどつらいことが起きているのかと、お子さんの辛さが伝わってきて、お母さん（お父さん）自身にもどうにかしてあげたいという焦りが出たり、このまま学校に行かせていていいのだろうかという不安も出てくることでしょう。

自分を後回しにしてでも大切にしたい、もしくは親なら何としてでも子供を守ってあげなければならないと感じていることもあります。一緒になってつらくなってしまうときは、お子さんを大切に思っているがゆえに不安にもなりますし、お子さんをとても愛しているということの表れでもありますね。

「こんなに大切に想っているからこそ、私も一緒になって不安になってしまっているんだな」と、ご自分の不安も受け入れてあげてみるといいでしょう。不安になることは悪いことではありません。

逆に、お子さんが楽しそうにしていたり、嬉しいことがあったときはどうでしょうか。きっと、一緒になってその感情を味わうこともできていますよね。悲しいことも嬉しいことも、ともに分かち合えるということは、共感力の高いお母さん（お父さん）のいいところでもあります。

お子さんが不安を抱えている場合

お子さんが学校に行けない状況では、学校に行くことに対し様々な不安を抱えていることがあります。

そのとき、共感力の高いお母さん（お父さん）は、一緒になって不安を感じていることでしょう。それは、間違っていません。まず、お子さんの気持ちを一緒に感じてあげられていることはお子さんにとっても嬉しいことです。

こんなときは、どんなことが不安なのか、学校の何がつらいのか聞きたくなることも多いかと思いますが、お子さんにはそれが何だかよくわからないこともありますし、お母さん（お父さん）はそれを想像してさらに不安が大きくなってしまうこともあります。

そんなときは！

「お子さんが不安になっているという事実だけを、そっと受け止めてあげる」ということが、お母さん（お父さん）自身の不安が、必要以上に大きくならないポイントです。

2　理解してあげたいのに、わかってあげられない

お子さんが自分と正反対の性格で、考えていることが全く想像もつかない

お子さんがＨＳＣ、お母さん（お父さん）が非ＨＳＣの場合は、このようなことはよく起こります。活発で人見知りもなく、小さなことは気にしない元気いっぱいの幼少期を送っていた親御さんからしてみたら、内向的で1人を好み、小さなことでクヨクヨしているお子さんだった場合は、なかなかその気持ちを理解してあげることは難しいでしょう。

お子さんがつらいときにアドバイスをしてあげようとすると、「お母さん（お父さん）は、全然わかってない！」「どうせわかってくれないんでしょ！」なんて言われると悲しい気持ちになったりしますよね。

でも、１００％お子さんの気持ちを察して正確に理解してあげられる親なんていません。なんとなくわかることもあるかもしれませんが、それも合っているかはお子さんに聞いてみないとわからないものです。

つらいお子さんの気持ちをわかってあげられないことに心を痛めることもあるでしょうし、わかってもらえないと決めつけられることに憤りを感じることもあるでしょう。

でも、そうやってお子さんのことを理解してあげようという気持ちはお子さんには伝わっていま

す。特にＨＳＣのお子さんは敏感です。その想いだけで十分なんですよ。

行動や考え方が理解してあげられない場合

小さなことで思い悩んだり、一般的にそんなこと気にしなくてもいいのでは？　と思うようなことでも、ＨＳＣのお子さんはとことん気にすることがあります。

実際には8割くらいの人が気にしないようなことも、ＨＳＣの場合はそこにこだわってしまうこともあります。

「そんなこと気にしなくていいよ」というアドバイスも間違ってはいないのです。何かアドバイスをしてあげたい、少しでも楽になるように導いてあげたいという親御さんの気持ちは、今後もお子さんの心の支えにもなっていくものです。

それに対して、今お子さんが「わかってくれない！」という返答をしてくるということは、お子さんは「今は」アドバイスを求めていない、というだけのことなんです。

お子さんが言っているように、今お子さんが求めているのは「わかってほしい」ということだけなんですね。

そんなときは！

お子さんが気にしていることをそのまま伝え返してあげることをしてみましょう。例えば「こうなったらどうしよう、心配になってきた」。そう言ってきたときは「こうなったらと思うと心配なんだね」。そう伝え返してあげるだけです。何かアドバイスをしてほしいわけではなく、ただその気持ちをわかってほしいという場合も多いのです。

3　ＨＳＣは生きづらいからと、将来のことが心配になる

お子さんの将来のことを案じて不安が大きくなる

ＨＳＣは些細なことにも敏感に反応したり、外からの情報を受けやすくそれに対して深く考えるという特徴もあり、人がいるだけでもその人の立場や気持ちを察してしまうこともあります。

そんなことを日常的に繰り返しているということを想像しただけで、気疲れしてしまいますよね。学校に行けば、大勢の人がいて、いろんなことを新しく学び、1人きりになる静かな時間がとれないのが通常です。

そんな中、毎日学校に通い刺激を受け続ける生活を送っていると思うと、「この子は学校でもこんな状況なのに、これから人とうまく関わっていけるのだろうか」「これが性格で一生変わらないなら、高校や大学には行ける？　会社に勤めるなんてできないのではないだろうか」という将来の不安が湧き上がってくることもあるでしょう。

子供の将来を見据えて、幸せな人生を歩ませてあげたい、苦労はさせたくない、より楽に生きて

ほしいと願うのも子を想う親心ですね。

現状がつらそうなわが子を見て、その先のことが心配になってしまうのも自然なことです。

これから先、少しでも素晴らしい人生にしてあげるために自分にできることを、いろいろと情報を集めたり、環境を変えてあげている親御さんも多いのではないでしょうか。

そんなときは！

ないものではなく、「あるもの」に目を向けることです。

第2章でお伝えする、ＨＳＣの特徴ですが、これはすでにお子さんが持っているものです。その持っているものをいかに伸ばすか。また、今のつらいと感じている状況では「ないもの」に目が向きやすいですが、つらい状況の中でも、今すでに「あるもの」は必ずどこかにあるのです。

お子さんの「あるもの」に目が向けば、お母さん（お父さん）の不安は少しずつ小さくなっていき、穏やかな生活を送っているお子さんの未来もイメージしやすくなりますよ。

4　つらそうなわが子を見て、自分の今までの子育てを否定してしまう

「私の育て方が悪かったのかな…」と感じてしまう

お子さんの悩みを抱えていると、誰かに相談したり、育児書を読んだり、ＳＮＳで調べたりする方も多いのではないかと思います。早くこの状況を抜け出させてあげたい、より子供にとっていい子育てがしたいと思うのは素敵なことですね。

しかし、自分の今までしてきた子育てを否定されてしまったり、今していることが大幅にずれていると、そこから過去を振り返り、「私がしてきたことがよくなかったのではないか」「もっとこういう育て方をしていればこうなっていなかったのではないか」と考えてしまう親御さんもいると思います。

今、そう感じているということは、お子さんの人生をよりよくしてあげたいという想いと、もっといい方法があるのではないかという親御さんの向上心の表れでもありますよね。

そもそも、初めてＨＳＣを育てているのですから、わからないし試行錯誤して当然なんです。それなのに、今まで頑張ってきたご自

分を責めてしまっては、ついていいはずのお母さん(お父さん)の自信がどこかにいってしまいます。

今のお子さんを落ち着いてじっくりと見てみてください。表現は上手ではないかもしれませんが、優しい子に育っていませんか？

お母さん（お父さん）が、お子さんに与えてきた愛情を思い出してみてくださいね。

それでも、ご自分のしてきたことに自信が持てなくなったら…。


そんなときは！


まずは、ご自分がお子さんにしてきたことを思い出してみてください。大きなことではなく、今は当たり前になってしまっていることです。

例えば、おむつを替えてあげたこと、ご飯をつくってあげていること、安全に過ごせるようにいつも見守ってあげていること。

ただ当たり前になっているだけで、毎日のように愛情をたっぷりと与えているのです。

お母さん（お父さん）は、それだけの愛情を当たり前のように表現しているのですから、自信を持ってもいいのです。できていないことではなく、「もうすでに当たり前のようにしている、できていること」に目を向けていきましょう！

5　わが子に見透かされる怖さや、お互いの決めつけによる会話のズレが生じる

お子さんに心を読まれていると感じる

ＨＳＣのお子さんは大好きなお母さん（お父さん）の顔色を読み取るのが得意です。返答に困っているときは「わからないんだ」と気づいて何の返事もしないうちに「もういい！」と勝手に見切りをつけてきたり、お母さん（お父さん）が何かに不安になっているときは、逆に強気に出てきたりします。

そんなとき、自分の心を見透かされているような、自分の弱さや間違いを悟られたのではないかというような、小さな恐怖心すら出てくることもあるでしょう。

心を読み間違えられて、勝手に決めつけられる

ＨＳＣのお子さんは、今までの様子から瞬時に分析していることも多いため、今までのパターンはこうだったから、お母さん（お父さん）がこういう表情をしているときはこう思っているに違いないと、勝手に決めつけることも多々あると思います。そういう自分の判断を変に信じ切っていたりするので、間違っていると伝えたとしても聞く耳を持たない場合もあるかと思います。そんなときは、さすがの大人でも怒りや悲しみが出てきますよね。

お子さんは自分の分析が絶対合っていると信じ込んでいたり、またはお母さん（お父さん）が「この子は何を言っても聞く耳持たないだろう」と思い込んで、その間違いを訂正しなかったりすることもあるのではないでしょうか。

そうすることで、お互い間違った認識のまま相手を見てしまい、すれ違いが起きる（会話がズレる）ことも多くあります。

本当はお母さん（お父さん）にわかってもらいたいお子さんと、わかってあげたい親御さん。お互いが想い合っているのにすれ違ってしまうことで、本当の愛情が伝わりにくくなってしまうのも事実です。お互い大好き同士なのに、何かもったいない気がしますよね。


そんなときは！


いったん冷静になって「そもそも、心の中を正確に読める人なんていない」ということを思い出してみてください。いくらＨＳＣであってもエスパーではないのですから、１００％心を読めるわけではないのです。間違った認識をすることで、寂しい思いをすることもあります。

それと、お母さん（お父さん）にも「怒りの感情」があっていいということです。

お子さんは、お母さん（お父さん）がどんなことを言われると怒れるのか、何をされたら嫌なのか、傷つくのか、正確に知っていく必要もあります。

それを踏まえたうえで、少し時間がたって落ち着いてからで構いません。お互いの本当に思っていることを少しでも伝えられると、お互いのモヤモヤは軽くなり、さらにコミュニケーションはスムーズになってきます。

6 「ただのワガママ」と「愛情を求めている」の境目がわからなくなる

「ワガママ」と「甘えさせる」ときの違いで、対応の仕方に迷いが出る

今の時代はSNSやインターネットでいろんな情報が簡単に手に入る時代です。子育ての情報で「お子さんが甘えてきたときは、一度手を止めてお子さんを優先して甘えさせてあげましょう」というものはよく耳にすることでしょう。

お子さんは、自分を優先してくれたことに安心感も得るでしょうから、お母さん（お父さん）自身の心に余裕があるときなら、こうしてあげることもいいことですね。

しかし、実際のところお母さん（お父さん）に余裕がないときにはできないことのほうが多いかと思います。できないことに悲しくなって自分を責めてしまうこともあるでしょう。

お子さんの要求も、これは「頼っている」のか「当てにしている」のか判断に迷うこともあります。

今までの習慣に新しい知識を入れて、行動を変えていくということは簡単ではないと感じますよね。それでも、何とか忙しい中でもお子さんの話を聴く時間をつくってあげようとしたり、できる限りの要求は聞いてあげようという気持ちも、お母さん（お父さん）の優しさの表れでしょう。

これに関しては、お子さんが頼ってきているのか、ワガママを言っているだけなのか、「本人ですらわかっていない」ことも多く、本来はその境目もあいまいで、お子さん1人ひとりで違いますし、明確にその境目がわかる人のほうが少ないものです。

そんなときは！

お母さん（お父さん）の判断でＯＫ！

ご自分の気持ちに余裕がないときは対応できないし、余裕があるときは聴いてあげられる。

その、お母さん（お父さん）の、ご自分の「心の余裕」具合で判断してみてください。

たとえ余裕がなくて、手を止めて話を聴いてあげることができなくても、少しして時間に余裕ができたときに、「さっきは話をゆっくり聞いてあげられなくてごめんね。話したかったんだよね」その一言があれば、お母さん（お父さん）のタイミングでもお子さんは満足してくれます。

お子さんを優先させるのがすべていいわけではありません。お子さんは、こうやって相手のタイミングに合わせることも必要だと学んでいきますし、お母さんが自分を犠牲にしてお子さんに合わせることは、お子さんも望んでいません。「自分のことを大切にする」ということも、こうして学んでいき、お子さん自身も「自分を大切にできる人」に成長していくのです。

こうして悩んでいるお母さん（お父さん）は、１００％自分を優先することはしないタイプの方が多いと思います。知らず知らずのうちにお子さんを優先していることが多いので、あえてこれ以上ご自分に厳しくしなくていいのですよ。

7　大切なわが子同士（兄弟、姉妹）の仲が悪くなってしまう

1人がHSC、もう1人が非HSC。同じように大切に想っているのに…

ご兄弟にHSCのお子さんがいる場合、もう1人が非HSCというご兄弟は多い傾向にあると思います。もちろんHSC同士のお子さんや、非HSC同士のお子さんもいます。

1人のお子さんがHSCだと気づくと、お子さんを愛する親御さんは、「この子は今までなんてつらい思いをしていたんだろう」と、関わり方を改めようとされます。

HSCの「できない部分」に目が向くために、無自覚でお子さんを比較することもあります。実際は、比較しているつもりもないでしょうし、分け隔てなく愛していると思いますが、1人ひとりのお子さんに対応しているとどうしてもHSCのお子さんは手がかかる部分が目立ってしまったり、内向型で消極的な場合も多く、1人で抱え込んでしまう気質だと知ると、お母さん（お父さん）も気にかかってしまうものです。

非HSCのご兄弟からすると、自分は後回しにされているという感覚になったり、できると思われてしまい構ってもらえないという寂しさを抱いたりもします。

お子さんはHSCでも HSCでなくても、いつもお母さん（お父さん）の1番でありたいと感

じています。兄弟がいる場合はなおさら、お母さん（お父さん）を独占したくなるのです。

ご両親から見たらどちらも大切な子であることは変わりありません。

でも、そこに差ができてしまうと感じるのは、ＨＳＣと非ＨＳＣとでは、そもそも「手のかかる部分」が違うのです。

・ＨＳＣ↓言いたいことが言えずに我慢ばかりしてしまう
・非ＨＳＣ↓なんでも言いたいことをはっきり言える

こうなったときは、ＨＳＣに手がかかりますよね。別のパターンでは、

・ＨＳＣ↓空気や人の顔色を読んで、必要のないことは言わない
・非ＨＳＣ↓思ったことをポンポンと思い付きで言ってしまいトラブルになる

こういった場合は、非ＨＳＣに手がかかりますよね。

どっちが楽で、どっちが大変というのはないのではないでしょうか。ご兄弟で同じように育てていても手がかかる部分というのは同じだけあるので、同じように手をかけているはずです。それでも、ＨＳＣの兄に手がかかると弟の非ＨＳＣはやきもちを焼いて、兄をよく思わなくなり、仲が悪くなってしまうというケースは多くみられます。

そんなときは！

バランスが重要です。愛情が５：５、３：７、６：４という見方を捨て、ＨＳＣに７かけたら非

ＨＳＣにも7。4だったらもう1人も4。多くても少なくても、バランスをみて関われるといいですね。10で収めようとすると余計に難しくなります。

極端に言えば、お母さん（お父さん）が疲れているときは、2と2でいいんです。もちろんご自分のことも大切にしたうえで、お子さんに愛情を与えてあげましょう。

8　家庭内と家庭外のＨＳＣの変貌ぶりが誰にも理解されない

外ではおりこうさん、家ではワガママ三昧？

ＨＳＣのお子さんは、他人の顔色を敏感に察知し、求められていることを読み取る能力に長けている子が多いため、先生からの印象は「誰とでも仲良くできて世話好き、しっかりしているので何を任せても安心、クラスの中では中心的な存在」という印象を持たれている子も多くいます。

一方、自宅に帰るとやっと安心できるので疲れがどっと出てしまい、安心できる場所に安心できる存在がいることで、たまったストレスを自然と吐き出してしまうことも多くなります。

疲れているけど素直にそう言えないために、八つ当たりのような態度になったり、何もせずダラダラしたりすることもあるでしょう。

家ではやるべきことをやらない、自分の機嫌次第で口調が荒くなったり物に当たったり。人一倍手のかかる子に変身するため、学校生活が心配になる親御さんもいるかもしれません。先生の話を聞いて、家とは真逆の生活に始めは驚くこともあるかもしれませんね。

家ではモンスターのＨＳＣのお子さんは、唯一安心できる相手であるお母さん（お父さん）にそのストレスを思いっきりぶつけてくるために、時にはお母さん（お父さん）が、傷ついたり、怒りが込み上げることも少なくありません

家族に相談しても、友人に話しても、お母さん（お父さん）の辛さが理解されることはまずないというのも現状です。

家族には「今まで甘やかしてきたからだ」と言われたり、友人からは「気にしすぎじゃない？」「すごくできる子だから悩みなんてないでしょう」と言われてしまったり。

なかなか理解されないので、相談することも意味がないと感じてきてしまいますよね。

でも、本当はお母さん（お父さん）だって傷ついてるんです。育てることがとても難しいということを理解してほしいと思いますよね。毎日のことですし、本当によく耐えていると思います。

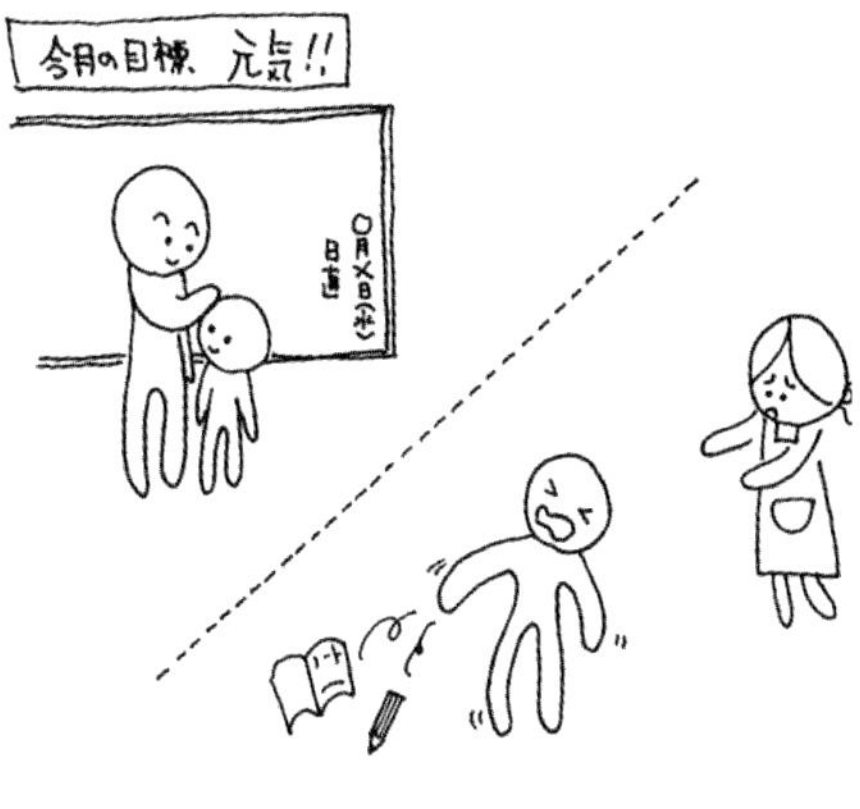

そんなときは！

「学校で頑張っていい子にしているんだから、家では楽に過ごさせてあげよう」と、お子さん中心に考えるだけではなく、「こんな大変な子を育てている私ってすごくない⁉」「こんなモンスターに付き合ってあげられるのは私くらい！」「私って本当に毎日よく頑張ってるよね！」そうやって、自分が頑張っていることを認めてあげましょう。そうやって、自分のがんばりを自分自身が正当に評価してあげましょう。あなたはすごいことをしているんですよ。

9　自分の生活がお子さん中心の生活になっていく

自分の用事はお子さんの行動に合わせざるを得ない

お子さんがＨＳＣとわかると、学校に行けない理由がわかったり、疲れてしまったり、1人で抱え込んでしまうことに気づくと、まずはその環境を変えるという選択をする方は多いと思います。学校を休ませたり、一緒にいて話を聴いてあげる時間を増やしたり、淋しい想いをさせないようにお母さん（お父さん）自身がでかけるのをやめたり。

中には仕事を辞めて、1日中お子さんのことを考えていたり、様子をうかがっていたりする親御さんもみえると思います。

自分の時間もとれず、買い物やちょっとした用事も後回し。基本はお子さんのタイミングで動くために思うように予定も入れられないこともあるでしょう。

お子さんの気持ちを尊重してあげようという気持ちや、ご自身の不安もある中、しなければいけないことやしたいことの折り合いをつけて、時間管理をされているということ自体が当たり前のことではありません。とても頑張っていますよね。

お子さんのためにここまでできていることも、本当に素晴らしいことだと思います。


こんなときは！


こうしてお子さん優先で生活することに慣れてしまって、自分のことを後回しにしてしまっていることに、まずは気づいてあげてください。お子さんが生まれてお母さん（お父さん）になった瞬間から、今までの独身時代とは違い、いつも自分のことを後回しにしてお子さんを守ってきたんだと思います。

今、お子さんはおいくつですか？　それだけの年数、ずっとお子さんを優先してきました。慣れてしまっても当然です。でも、お子さんと同じだけご自分のことも大切に思ってあげて欲しいのです。

今は、仕事も、家事も、趣味も、自分の思うとおりにできることは本当に少ないですよね。

お母さん(お父さん)が思っているよりも、お子さんは成長しています。

そして、お母さん（お父さん）が自分の好きなことをしている姿は、お子さんにとっても幸せなものです。

「私のせいで、お母さん（お父さん）は我慢しているんだろうな」という想いは少なからず感じているはずです。

まずは、「近所に5分だけ散歩に出て1人になること」それだけで十分です。ぜひお試しくださいね。

子供優先メリット	自分優先メリット
・その時は嬉ぶ（子） ・子供のやりたい事をしてあげられる（親）	・自分を大切にしていいと学ぶ（子） ・自分以外の人との距離感を学ぶ（子） ・心のゆとりができおおらかに接してあげられる（親）
子供優先デメリット	**自分優先デメリット**
・いつも優先してもらえると思いやすい（子） ・人のために自分が我慢しなければいけないと学ぶ（子） ・いつも我慢しているのでイライラしてくる（親）	・子供とぶつかる可能性がある（親）

10　無自覚のうちに心のゆとりがなくなって、自分が疲弊してしまう

疲れている、涙が出てくる、怒りが収まらずモヤモヤ

今まで、「親だからして当然」「この子に比べたら大したことない」という考えで自分を無意識でコントロールしてきていませんか？　普通○○だ、○○であるべき、というように、本来あるべき親の姿や大人の姿をイメージし、そこに無理に自分を当てはめた生活を送っていませんか？

意識はしていないかもしれませんが、自分の中でこういうものだという常識をつくり上げていることで、ご自分の感情に蓋をして、ご自分の行動を制限していませんか？

無理が続くと、コップから水が溢れるように、涙が自然と出てきたり、怒りが抑えきれなくなったり、心身共に不調になったりします。

これは、お母さん（お父さん）自身の体が限界を超えていると、自分に気づかせるためのサインでもあります。

- 涙が出てしまう→それだけ１人で抱え込んでいませんか？　誰かを頼りたい、助けてほしいという感情を我慢していないでしょうか
- 怒りが抑えきれない→本当は納得できていない、言いたいことを無理に抑え込んでいる、私のこともわかってほしい、そんな気持ちを我慢していませんか？

・心身の不調→思いっきり安心して休む時間はありますか？　いつも何かを気にしていたり、自分のための安心できる時間を確保しているでしょうか。

心の中の見えない自分は、毎日戦っているのではないでしょうか。子育ては毎日のことでお休みがないのです。本当によくやっていますよね。

そんなときは！

自分の心と体、自分の時間を大切にすることを思い出してあげてください。急に自分の時間を確保しようと思うと、「こんなことしていていいのかな？」と不安になることも出てきます。

まずは、今ここで2、3分、目を閉じてゆっくりと深呼吸をし、日向ぼっこをしている自分を想像してみてください。穏やかな安心できる時間を過ごしています。

今心地よいと感じた方は、明日もやってみてくださいね。自分のための時間は、何か特別なことをしなくてもいいのです。お子さんのことを考えてあげる時間、それも素敵なことですからね。

第2章　本当のＨＳＣを理解していきましょう

1　D　深く考える（Depth of processing）

悩みやすいところ

・人に言われたことを深く考えて、裏を読んだりすることもある
・何かを頼まれたときに、それ以上のことを求められていると考えることもある
・1つのことを10考えるため、行動するまでに時間がかかる、または返事にも時間がかかる
・1つ悩みがあると、どんどん掘り下げて自分を否定することが多くなる

本当はこんなところがいいところ！

・何かしたい！　と思いついたときは素晴らしいアイデアがどんどん湧いてくる
・効率が悪いことに気づき、よりよくするための施策を誰よりも現実的に考えられる
・より失敗しないよう、先を見据えて段取りや準備をしておくことができる
・軽率な行動が少なく、誰にも迷惑のかからない方法を見つけることができる
・自分を見つめて向き合う強さもあるため、より自分を成長させていける
・学んだことも深く追求できるために、より深い学びとなる
・1聞いたことを10考えられるため、人にない発想ができる

２０　刺激を受けやすい（Overstimulated）

悩みやすいところ

・音やにおいなどを情報として捉えるために、疲れやすい
・大人数の中にいると、会話や表情などを人数分刺激として感じとるために疲れる
・些細な刺激も過剰に受け取るため、大声にびっくりして不安になりやすい
・些細な空気感なども刺激になり、本当に１人きりと感じられる時間が少ない
・新学期や転職など、大きな環境の変化があると人一倍疲れやすい

本当はこんなところがいいところ！

・音色やいい香り、感覚を大切にでき、じっくりと鑑賞して味わうことができる
・どんな人にも平等に気を配ることができる
・自分が敏感な分、人に嫌な刺激を与えないよう穏やかな空気感（環境）をつくれる
・人から与えられた情報を、より多く自分事として生かしていくことができる
・五感を生かしてクリエイティブな仕事ができる
・専門分野を極めることができる

3　E　共感力が高い（Emotional reactivity and high Empathy）

悩みやすいところ

・人が怒られているのを見ると、自分のことの様に悲しくなったり、萎縮してしまう
・ニュースなどを見ているだけで、当事者に感情移入し、暗い気持ちにさせられる
・楽しいことがあっても、友達が悲しんでいると、思いっきり喜んではいけないと感じる
・表情や仕草、些細な言葉で、相手の考えていることが推測できてしまう
・困っている人を見ると、大変さを察して、自分より困っている人を優先してしまう
・相手の気持ちがわかるがゆえに、自分の意見を言えなくなる

本当はこんなところがいいところ！

・相手の求めていることが手に取るようにわかり、信頼を得やすい
・自然と共感できるので、相手に安心感を与えてあげることができる
・いろんな立場の視点に立てるため、誰からも親しまれる
・本やドラマ、漫画など、いろんな人物に感情移入するため、いろんな楽しみ方ができる
・赤ちゃんや動物の気持ちまで、なんとなく察してあげることができる

4　S　わずかな刺激や変化に気づく（Sensitivity to Subtleties）

悩みやすいところ

・人が気にしないような他人の言動を気にしてしまう
・会話中、相手の表情や仕草、声のトーンなどの変化に気づき、自分が何かしたと感じてしまう
・いつもあるものがそこにないと落ち着かない
・服の肌触りなどが気になり、服をなかなか新調できない
・その場の空気の変化に素早く気づくため、気を遣い過ぎてしまう

本当はこんなところがいいところ！

・子供や大切な人の体調の変化にいち早く気づいてあげられる
・目上の人が求めていることに誰よりも早く気づけるため、社会的評価が上がりやすい
・いち早く危険を察知し、回避できる
・何かよくないことを口走ってしまっても、自分で気づき自分でフォローできる
・よくない方向に進んでいると気づき、早い段階で軌道修正できる
・感性が豊かで、直感力に優れている

5　HSE、HSS型、内向・外向型の影響

HSPでも、みんな同じではない

HSPにはHSS型という刺激を追求するタイプや、人との関わりが必須といったHSEというタイプもあります。

また内向型が割合的には多いですが、中には外向型のHSPさんもいます。

今は、情報が少しずつ広まることでHSPについての理解が増え、1番主流な「内向型のHSP」については受け入れられることも増えてきてはいます。

しかし、HSPであっても今受け入れられるようになってきているHSPに該当しないタイプのHSPは、HSPの情報が広まることでさらに苦しい思いをしているという現状もあります。

これは、たとえHSS型HSPの情報が出回ってきたり、HSEが受け入れられる時代が来たとしても、また別の視点で悩みや該当しないタイプが出てくることが予測されます。

日常で、HSP専門としてカウンセリングをしていると、例え同じHSPであっても人それぞれ「バランス」が違い、それぞれがとても強い個性を持っていると感じます。

ですので、こういった情報に惑わされない「HSP個人のあり方」、いかに自分を1人の人間として、自信をもって過ごしていけるかというものが、今後必要不可欠になってくるのではないかと

私は考えています。

6　HSP（HSC）は、病気ではなく性格の種類

HSPは病気ではない？

・どこに行けば診断してもらえる？
・どうしたら治せる？
・そもそも、どういうものなの？
・どうしたら周りに理解してもらえる？

お子さんがHSCなのではないかと気づかれたときは、お母さん（お父さん）の中で、いろんな感情が駆け巡ったのではないでしょうか。

どうしたら楽にしてあげられるのか、治るものなら治してあげたい、今まで本当につらかったんだろうな。愛する我が子のために、ありとあらゆる手を尽くそうと考えると思います。

私のカウンセリングに来てくださるHSCの親御さんも、「藁をもすがる思いでここにたどり着きました」と言ってこられる方が多くいらっしゃいます。

HSCである本人もつらいことがあったと思います。それと同じ、もしくはそれ以上に親御さんも不安や焦りと戦ってきたのではないでしょうか。

ＨＳＰは気質（性格の種類）

簡単にお伝えすると、「ＨＳＰ」とは血液型や星座、干支のようなものだと私は考えています。

血液型で性格を区別されることは、だれしも一度は経験されたことがあるのではないでしょうか？

例えば、Ｏ型はおおざっぱ、Ａ型は几帳面…などと、ざっくり分けられたりしますよね。「私Ｏ型なんだよね」というと「そうだよね！　そんな気がした！」という会話は、「Ｏ型はおおざっぱ」という世間一般的なイメージが浸透しているから、誰にでも通用する言葉のようになっています。

一方、ＨＳＰという言葉はそこまで普及していません。「私ＨＳＰなんだよね」と言ったところでたいていの人には通じません。でも、感覚としては、血液型などと同じ部類で、性格の一種という捉え方でいいのではないかと私は思います。

なので、ＨＳＰだから性格を変えなくてはいけないと思わなくてもいいという考えです。

先ほど例に挙げたO型ですが、「おおざっぱ」というところは長所とも短所とも取れます。Ｏ型でおおざっぱだからA型みたいな几帳面にならなければいけないと思う人は少ないでしょう。

「Ｏ型だからしょうがないよね」と、受け入れて生きていく方が多いのかなと思います。

「ＨＳＰ」も同じ感覚で、「繊細」という大きな性格の特徴ではあります。しかし、その繊細さは短所と感じるかもしれませんが、長所でもあります。

そのＨＳＰのよさに気づくことができれば、「鈍感になろう」とは思わず、「繊細」な自分を受け入れ、そのよさを生かして人生を歩んでいけると私は思います。

HSPは治さないで！

ＨＳＰ（ＨＳＣ）はお子さんの性格であり、治すべきところではなく伸ばすべきところです！

おおざっぱなＯ型さんが細かい作業をすることもあれば、几帳面なＡ型さんが妥協して適当に済ませることもあります。皆、そうやって自分の性格と折り合いをつけていきます。

おおざっぱなＯ型さんが、その大胆さを生かしてリーダーシップを発揮したり、几帳面なＡ型さんが、そこを生かして精密な作業を難なくこなしたりするのと同じで、「ＨＳＰにしかない繊細さ」を武器にして、より自分らしく活躍していくことができるのです！　少し考えてみてください。

ＨＳＰという血液型があったとしたら、どんな性格で、どこを生かしていくことができるでしょうか。どの血液型よりもプラス面が多いと私は思います。

7 HSCとわかった後の、親子の心の変化

HSCとHSC子育て中の親御さんの心の変化

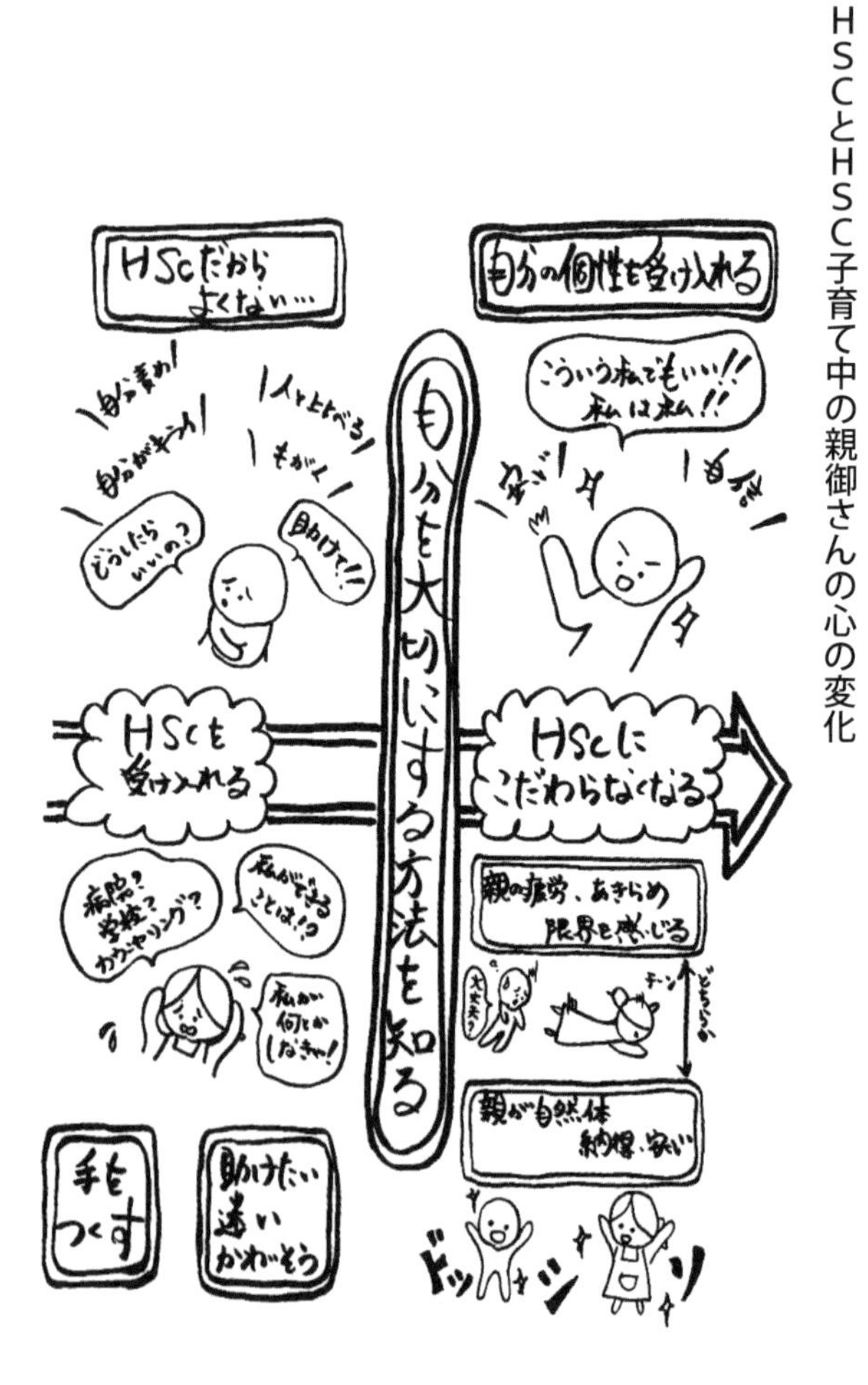

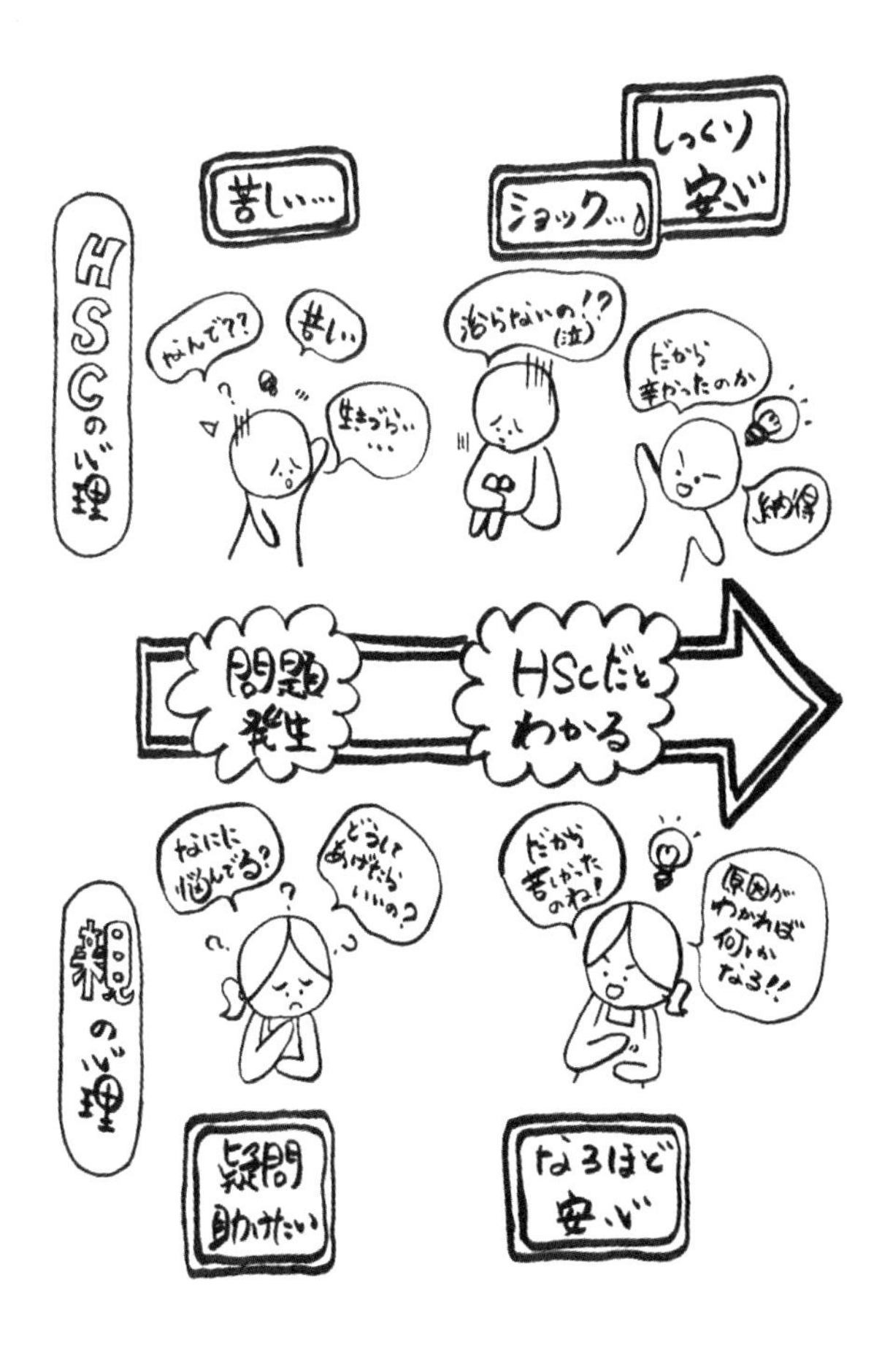
HSCの心理
苦しい…
ショック…
しっくり安心
なんで??
苦しい
生きづらい……
治らないの!?(泣)
だから辛かったのか
納得
問題発生
HSCだとわかる
親の心理
なにに悩んでる?
どうしてあげたらいいの?
だから苦しかったのね!
原因がわかれば何とかなる!!
疑問 助けたい
なるほど安心

8　ＨＳＣのお子さんに寄り添っていたことに気づく

今までこんなにお子さんのことを見ていたんです

２章７のイラストは、私が考えるお子さんがＨＳＣだとわかってからの心の変化を表したものです。

どの親子さんもいろんな心理的葛藤を抱えて、その都度心を大きく揺さぶられて、それはとても疲れることでしょうし、ストレスも溜まるものではないでしょうか。

これだけ感情が変化しているんです。そして、これだけの感情の大波を経験してきたということは、それだけお子さんのために一緒に悩んであげていたということです。

これを見て、ご自分がいかにお子さんに寄り添っていたのか、気づいていただけたら嬉しいです。

自分自身にも一度目を向けてみましょう

お子さんがＨＳＣだと知って、今日までを振り返ってみてください。

「お子さんのこと」ではなく「ご自身のこと」に少し視点を切り替えてみてください。

本当によく頑張ってこられていると思いますし、自覚しないほど一生懸命だったかもしれません。

気持ちの余裕もなく、気づくこともできなかったでしょうけれど、お子さんを育ててきたことは当たり前ではなく、「よくやってきたね」と、ご自分自身を正しく評価し認めてあげてもいいところなんです。

完璧な育児でなくてもいいんです。

自分が気にかけてあげていた部分、こだわってきた部分、やってあげられた部分だけでいいです。

素直に褒めてあげてみてくださいね。

自分のことを褒めることが苦手なお母さん（お父さん）

もしも、自分の頑張っているところを見つけたとしても、褒めることに慣れていない、苦手だ、恥ずかしいと感じる方もおられるでしょう。

そんなときは、「こんなことしてきた自分ってすごくない!?」と面白がって、調子にのってみるもいいですよ。心の中でもいいし、声に出してみてもいいです。試してみてくださいね。

第3章　乳幼児期のＨＳＣのお悩み

1　敏感なため、なかなか寝てくれない（すぐに起きてしまう）

よくあるお悩み

夜泣きがひどく抱っこして寝かしつけるのですが、布団におろすとすぐに目覚めてしまいます。そこからまた、寝つくのに時間がかかり、私（母）も睡眠不足でイライラしてしまいます。昼間もそんな感じで、まとまった睡眠がとれず疲れが取れません。

心の状態とサポート方法

ＨＳＣのお子さんはあらゆる感覚が優れているために、ちょっとした刺激でも本能で察知して目を覚ましてしまうこともあるでしょう。

産後すぐの時期は女性ホルモンのバランスが崩れ、お母さんは精神的な負担も大きいですよね。毎日お子さんの睡眠のペースに付き合ってあげているだけですごいことなんです。今、お子さんにイライラするのはお母さんに責任はありません。当たり前のように夜泣きに付き合い、大変な寝かしつけを日々しているご自分を、まずは認めてあげてくださいね。なかなか人に頼れないこともあるかと思いますが、この時期は自分を守るためにも頼れるところを探して「今だけ」でも頼らせてもらいましょう。お母さんはそれだけ大変なことを、毎日こなしているんですからね。

２　会話ができない年齢でも、お母さんの顔色や空気で察する

よくあるお悩み

忙しいときに限って、わざとご飯の茶碗をひっくり返すなど、手のかかることをしてきます。イライラしているときにそういうことをしてくるので、つい怒鳴ってしまい自己嫌悪です。

１人になりたいのに、そういうときに限ってどこまでも追いかけてきたり、なかなかその気持ちを消化する時間もとれません。

心の状態とサポート方法

お母さんは、毎日自分のことは後回しで、お子さん中心の生活に合わせ、自分の時間も確保できないくらい、お子さんのことを優先して頑張っています。そこに気づく気持ちの余裕を持てないほどの慌ただしい日常をこなしています。

そんな中でもお子さんの成長に合わせて自分も一生懸命成長し、イライラする気持ちと葛藤したり、忙しい時間をやりくりして対処しているのです。四六時中お子さんと一緒にいるこ

とは、たとえ愛するお子さんであってもストレスがたまるものです。

お母さんの気持ちを察しやすいHSCにとっては、お母さんが苦しいことはつらいことです。まずは、少しでも1人の時間をつくったり、仕事量を減らすなど、自分のしたいことを優先できる時間をつくってあげることで、自分の心を満たしてご機嫌をとってあげることも大切です。お子さんを大切に想うのと同じように、ご自分のことも大切にしていいのです。

家事や育児とは、自分のことを大切にできないと続きません。報酬もなければ見返りもありません。今の自分を犠牲にしている状態で、何十年も家事や育児を続けるのは、どこかで無理が出てくるでしょう。だからこそ、ずっと家庭が円満に続くように、自分事を今から少しずつでも大切にしていきましょう。地域の子育て支援を利用することもおすすめです。

3 環境や人に馴染めず、親から離れない

よくあるお悩み

家族以外の人に慣れさせたいと思い、育児サークルに参加してみたり、子供の年齢が近い友達と食事に行ったりする機会をつくってみたのですが、馴染むどころか私から一切離れず誰にも馴染めません。

人見知りもあるとは思いますが、こんな感じで幼稚園に通えるようになるのでしょうか。

心の状態とサポート方法

ＨＳＣのお子さんの場合は、まずは安心安全の場である自宅を離れ、慣れない場所にいることや、その場の空気感、知らない人という初めてのことに対してとても警戒している場合もあります。刺激に敏感であるという気質もあり、知らない場所では受け取る情報量も多いために、不安が表れやすくなります。

よそのお子さんは、交流する場で楽しそうに遊んでくれたり、すぐに馴染んでいろんな遊具で遊んでいたりすると、お母さんも不安になったり、そんなお子さんの姿を見て、この先幼稚園に預けたときにお友達とやっていくことができるのだろうかと心配になったりしますよね。

そんなときは、「うちの子は、今分析中なんだな～」と、初めてのことを理解しようとしているお子さんを少し俯瞰して観察してみましょう。

何度も通っていることで慣れてくることもありますし、どうしても馴染めないこともあります。

たとえお母さんから離れなくても、お子さんにとっては冒険という成長のステップと捉え、早く慣れさせようと焦らず気長に見守ってあげてもいいですからね。

4　幼稚園でも1人遊びばかりで、母子分離不安も強い

よくあるお悩み

保育園に預けるときに母子分離不安が強く、離れるのに大泣きして時間がすごくかかります。みんなと同じことをすることを嫌がるようで、いつも1人遊びをしていて集団生活にも友達にも馴染めていないようです。

同年代のお子さんは、仲のよいお友達ができたりしているので孤立しないか心配です。

心の状態とサポート方法

ＨＳＣのお子さんは、１人を好む傾向にあったり、みんなと何かを楽しむよりも自分の好きなことをしたいという思いが強かったりすることも多くあります。

ほかの子はお友達ができたり馴染めているのに、うちの子は「ほかの子と何か違う」という感覚に不安になり、先生に相談することも出てくるかもしれません。

お子さん自身も「みんなと違う」を感じ取って、不安になっていることもあります。

お母さんも、お子さんのお母さんも初めてのＨＳＣ子育てかと思います。たとえ２人目のお子さんであっても、上の子とは違うものです。また初めて育児をしているような感覚になってもおか

しくはありませんし、不安になってもいいのです。

お子さんのことを考えて心配できるということは、お子さんのことを真剣に考えているからこそです。周りと違うことはおかしいことではありません。みんな1人ひとり個性も違うものですから。

お子さんが何に困っているのか、どういうことが心配なのか、お子さんと一緒に考えていくことで、あなたのお子さんだけの対処法が見つかってきます。

5　思っていることをうまく伝えられず大泣きする

よくあるお悩み

何か言いたそうなのはわかるのですが、言葉が話せるのにとにかく大泣きしているばかりで、言葉を使おうとせず、何が言いたいのかわかりません。言いたいことがあるなら話すように言っていますが、どうしても言えないようで、毎回大泣きです。

心の状態とサポート方法

本当は素直な感情があるのに、まっすぐに伝えることがよくないと思い込んでしまったり、伝えたいのにうまく言葉にならなくて泣くこ

としかできない。そんなモヤモヤを抱えるＨＳＣのお子さんはとにかく泣くことが多くなる場合もあります。

毎日泣いてばかりで、この子はなんでこんなに泣き虫なんだろうと、理由がわからないと感じるお母さん（お父さん）もいるのではないでしょうか。なんで泣いてるの？　と聞かれても本当はわかってほしいという気持ちに気づいていたとしてもうまく言葉にできない年齢でもあります。毎日泣かれるとお母さん（お父さん）も泣き声を聞くだけでうんざりしてしまうこともあるでしょう。

今すぐ泣き止ませようと思うと、泣き止まないお子さんにイライラが増してくることもあります。

「泣けちゃうことがあったんだね」と一言伝えてみてください。

わかってくれたと感じるとお子さんも冷静になることも。イライラしてきたなと感じたら、一度試してみてくださいね。

6　子供にしてあげるのは「当たり前」ということに、心身が疲れてしまう

よくあるお悩み

今までしていたことに気力が出ません。掃除も適当、家事も適当で、仕事もしていないのに、まともに家事もできない自分が情けなくなってきます。子供に食事を与えて、散歩をして、昼寝させているだけの毎日なのに、今までみたいにできません。気持ちに余裕がないような気がします。

心の状態とサポート方法

お子さんを中心に考えることができるということはとても素晴らしいことですし、誰にでもできることではありません。してはいけないことでもありませんから、間違いでもありません。

では、なにが問題なのでしょうか。それは、我慢することや子供優先に考えていることを、「当たり前のこと」であると認識しているということです。当たり前になっていると何がいけないのか。

それは、お母さん（お父さん）自身が、自分が親としてお子さんにしてあげられていること、できていることに気づかず自分自身のしていることを正しく認めてあげることができないのです。

まずは、少し体と心を休める時間をつくりましょう。眠らなくても少し横になるだけでも構いません。そして、「私がしていることは親としてがんばっていること、できていることなんだな」と、自分自身のことも十分認めてあげてみてくださいね。少しずつ気持ちに余裕が生まれ、少しずつやりたいことができるようになってきます。

7　子育てが大変だが、なかなか家族に頼れない

よくあるお悩み

子供が2歳になり、下の子が産まれてから、とにかく上の子（ＨＳＣ）に手がかかるので大変になってきました。自分（母）が、２人の子育ての両立ができてないと感じています。

少し預けようかと思うのですが、こんなに泣く子を預けたら大変になってしまうので、申し訳なくて仕事をしている母や夫にはなかなか頼ることができません。

心の状態とサポート方法

ＨＳＣのお子さんは、癇癪をおこして大泣きする子もいれば、食事や衣服のこだわりで人一倍手のかかる子も多くいます。２歳というイヤイヤ期でもあり、下の子が産まれたことで赤ちゃん返りをする子もいる中、お子さんのそういった「気づいて」のサインに対応されていることがすごいことだと思います。

お母さんがしていることは、仕事をすることと同じようにとてもすごいことなんです。

ご主人やお母さんに頼ることができないということは、とても頑張り屋のあなたであることと、ご自分のしていることをしっかりと評価してあげていない状態かもしれませんね。

家事や育児は、とても大切な役割ですし、とても大変なことです。お仕事にお休みがあるように、家事育児もお休みをもらうつもりで、少し頼ってみてくださいね。

頼られると意外と嬉しいと感じるものです。迷惑なことだと思う必要もないかもしれませんね。

8　ＨＳＣ子育ては、ほかの子と同じ育て方ではうまくいかない？

よくあるお悩み

子育てのことをママ友に相談していますが、言われたとおりにやってもうまくいきません。どんなことにも果敢に挑戦できる子になってほしくて、やりたいと言った習い事はさせるようにしています。ＨＳＣはほかの子と違うので、通用しないのでしょうか。

心の状態とサポート方法

お子さんがＨＳＣか非ＨＳＣかで育て方を変えるというより、お子さんの特性を理解し、お子さんに合った方法を見つけながら育児をしていくという感覚が大切になります。

習い事に関しては、そのスクールや指導者の考え方でＨＳＣのお子さんには向かない場合もあります。

例えば、叱って伸ばすタイプは、敏感なお子さんにとっては萎縮しやすく、不安にもなりやすいと言えます。しかし、その中でも、そこを理解して関わってくれる方がいたり、ご家族の理解がある場合は、うまく付き合っていくことができます。

挑戦することは成長につながりますので大切なことですが、どうしても結果にこだわりやすくなってしまいます。まずは、結果ではなくプロセスに目を向け、できなかったことよりもできたことを見つけるようにしましょう。そうすることで、自信がつき継続していくことができ、次第に結果もついてくるようになってきます。

9　得意を伸ばしてあげたいけど、何が向いているのかわからない

よくあるお悩み

五感が敏感なので、そこを生かすことができる習い事がよいのではないかと思いますが、やはり音楽や絵画などの文科系のほうがいいのでしょうか。

スポーツをやらせるとしたら、どんな競技が向いているのでしょうか。

心の状態とサポート方法

ＨＳＣのお子さんの特徴に合わせると、感性が鋭いので五感を生かせるものや、創造力もあるためＩＴ、物つくり、文学もいいでしょう。スポーツは、自分のやってきたプロセスが、そのまま自分の結果につながる個人競技はおすすめです。しかし、あくまで特徴に合わせると、というところです。

ＨＳＣのお子さん1人ひとり、個性がありますし、好きなことも違うはずです。

第４章　学童期ＨＳＣのお悩み

1 「どうせ」と、勝手に自分で決めつけて、ネガティブに捉える

よくあるお悩み

何かに挑戦しようとしたときや、何かしてみたいと感じたときに「どうせ○○だもん」と、すぐに諦めて挑戦しようとしなかったり、わかってほしいときも「どうせ言ってもわかってくれないから」と、言うことすらやめてしまい、自分の中で処理しようとしているみたいです。

親から見ても、この子は自己肯定感が低いのではないかと感じます。

心の状態とサポート方法

お子さんは、今までダメだったことやできなかったことへの印象が強く、やってもできない、言ってもわかってもらえないという思い込みができてしまっているのかもしれませんね。人と違うことで目立つことが嫌なお子さんもいますので、静かに我慢し黙っていることを選択してしまう場合もあります。

まずは、自分で自己肯定感を上げていく準備として、お母さん（お父さん）が、発想の転換をする手助けをしてあげることも効果的です。成功体験を思い出させてあげたり、できないお子さんも受け入れてあげることで、少しずつその思い込みが変化してきます。

２　学校は、新しいことばかりが次々と起こるため疲れてしまう

よくあるお悩み

運動会や音楽発表会の日は、前日から行きたくないと特に憂うつになる子なのですが、最近は苦手な教科だけでなく、得意な教科でもいきたくなくなってしまうようです。

帰ってくると元気なのですが、朝の行き渋りが増えてきてしまいました。

心の状態とサポート方法

行事などの特別なことをするときは、普段感じないプレッシャーで心が疲れてしまいやすいですよね。ＨＳＣのお子さんにとって、学校とは新しいことばかりの刺激的な場所です。

例えば、体育が得意なお子さんは体育の授業を楽しみにしますが、サッカーをする時期もあれば、跳び箱、縄飛びをするという時期もあるように、得意教科の中でも苦手なことがあったりします。また、初めてやることには不安が増大しやすいものです。

こんなときは、できないかもしれないという不安を受け入れつつ、でもできるかもしれないよねと、できたところをイメージしやすく想像させてあげることがオススメです。

できるだけ具体的に、できたときの自分の表情や気持ちなどをイメージさせてあげましょう。

3　五感が敏感なため刺激や情報量が多く、圧倒されてしまう

よくあるお悩み

学校に行くと、お友達の大きな声や物音に圧倒されてしまい、教室に入ろうとすると足がすくんでしまい教室にすら入ることができません。目の前で友達が走り回っていたり、先生に叱られたりするのも怖くなってしまうときがあるようです。

そんなときは、逃げたい気持ちになってしまうと言っています。

心の状態とサポート方法

学校のような大きな集団では、感覚が敏感な子にとって刺激が強すぎて疲れてしまったり、圧倒されてしまう子もいます。何気ない会話も耳に入ってきてしまったり、叱られている子の心情になってしまったりと、ただ単に刺激が多いだけではなく、それを察知すると同時に自分の心が大きく揺れ動くことでさらに負担に感じてしまうことでしょう。

物理的な刺激を減らすことは先生と相談しながら工夫していく必要がありますが、その音自体に問題があるのではなく、その音から連想することや、感じる感情に影響されて「耐えられないほどの刺激」と捉えることもあります。

少しずつそういった刺激を和らげる技を身に着けていくと、今後自分の可能性を制限せず、挑戦できることの幅が広がります。そのときに感じた感情をまずは受け入れてあげることや、連想することをポジティブなイメージに変換してあげることも有効ですので、ぜひ挑戦してみてくださいね。

4 「こうしなければならない」ということに囚われやすい

よくあるお悩み

こうしなきゃダメ、これは間違っている、そういうこだわりが強いです。自分の中で決めていることがたくさんあるようで、そこに従えないときはやらない！　と、考え方も極端な感じがします。

子供なのに自分で自分を縛っているようで、見ているほうが苦しくなります。

心の状態とサポート方法

ＨＳＣのお子さんは、自己分析をすることが得意です。自分はこういうことが嫌いでこういうことができない。自責グセのある子は、自分のダメなところにばかり目が向き、できない理由は自分に問題があると考える子も少なくありません。そして、自分の中の対処法として「自分ルール」をたくさんつくりだします。「こういうときはこうしなければいけない」それも自分だけで考えるので、視野が狭く偏りのあるルールに縛られてしまいます。

お子さんの可能性を広げてあげるには、柔軟性をつくってあげたいところですね。そのために、「こういう考え方もあるし、こういう方法もある」と、強制はせずに情報として提供してあげることもよいです。お子さんの視野が広がれば将来の可能性も広がります。ワクワクしますね。

5　他者（語彙力の未熟な小学生という時期）の言動に傷つきやすい

よくあるお悩み

友達が言った何気ない一言を、すごく気にしています。

「おまえ、まじめだな！」たったそれだけで、泣けてしまうほど嫌だったようです。また何か言われるかもしれないからもう学校に行きたくないといいます。

これくらいを気にしていたら毎日嫌なことばかりになってしまいそうです。

心の状態とサポート方法

まじめだなという一言をただの言葉としてではなく、そう言ったときの友達の心情やどういう意図で言ったのかまで推測してしまい、それもネガティブなほうに推測するクセがついていると「間違いなくそう思ってこうやって言ってきた」と決めつけてしまいがちです。

小学生程度の年齢ですと、本当はそこまで深く言っていないことのほうが大半です。敏感に察しやすいことと、深く考え過ぎてネガティブに解釈するクセを、少しずつ変換してあげることで、他の解釈の仕方を思いつくようにもなります。

お子さんが自分の考えに固執しすぎないよう、「お母さんだったらこういうつもりで言ったと思うな」と、お子さんの考え方を否定せず、かつその解釈がすべてではないことも伝えていってあげましょう。

6　子供の言動で、お母さん（お父さん）自身の不安が増大する

よくあるお悩み

「学校で友達に嫌なことをされた。やめてと言ったけどやめてくれなかったからすごく嫌だった」こう言われると、学校でいじめられているのではないかと心配になります。先生には伝えています。その後は特に嫌なことはされていないと言っていますが、とても心配になります。

ＨＳＣの子は、気にしやすいのであまり詳しく聞かないほうがいいのでしょうか。

心の状態とサポート方法

お母さん（お父さん）自身もお子さんが嫌な思いをしていることを想像したら、それは不安に感じてしまうでしょう。詳しく知りたいと思う気持ちが出てきても自然なことです。想像力の豊かな

お子さんにとっては、嫌なことを想像しているときは、今まさにそれが起きていると感じるほどの辛さが出てきてしまうこともあります。

もし、お子さんが忘れているようでしたら、無理に思い出させないほうがお子さんにとっての苦痛は少なく済みます。しかし、それではお母さん（お父さん）の気持ちは収まらないと思います。

お子さんのことで自分自身が不安になっていることをまずは冷静になって気づいてください。そして、不安になってしまうほどの深い愛情を持っていることも受け止め、お子さんが嫌なことを思い出したときに、いつでも話を聞いてあげられる心の余裕をつくって待っていてあげてくださいね。

7　診断名がはっきりしないと、育て方に自信が持てない

よくあるお悩み

子供が学校に馴染めないのは、ＨＳＣだからとか、発達障害かもしれないとか、正確な診断がつかないので、どう接していったらいいのか常に迷ってしまいます。ネットで検索するといろんなことに当てはまり、あれもこれもと自分の子育ての考えがぶれてしまいます。

心の状態とサポート方法

お母さんの子育てに対する真剣さが「正しい育て方」を求めてしまうかもしれませんね。そこを

求めてしまうのは、お子さんに対し間違った育て方をしたくない、より確実に幸せにしてあげたいという想いの表れかもしれませんね。

ＨＳＣであっても、発達障害であっても、１番大切なことは一緒です。お母さん自身が、自分を大切にし、幸せを感じることができているかどういうことです。

そこが満たせていないと、いくらノウハウを学んでも実践でうまくお子さんに活用できなくなってしまうのです。

まずはお母さん自身が幸せを感じることで、自然とあなた自身の「正しい育て方」が何なのか、はっきりと見えてきますよ。

8　自分（ＨＳＣ）が幼少期に苦労したので、子供と重なり感情移入しすぎてしまう

よくあるお悩み

私自身もＨＳＰだと思いますが、子供の考えていることがなんとなくわかってしまうので、普段は先回りして対処するようにしています。

自分が子供のときは、言いたいことが言えなくて我慢ばかりしていたので、子供には言いたいことが言えるようにしてあげたいんです。

心の状態とサポート方法

お母さんがＨＳＰ気質の場合は、お子さんがどんな気持ちでいるのか察して、何とかしてあげようと考えるでしょう。特に、ご自分が苦労した経験があると、同じ想いはさせたくないと感じますよね。お子さん自身は、どうしてほしいと言っているでしょうか。同じＨＳＣであっても、親子であっても、その感覚は個人差がとても大きいものです。

まずは、お子さんの気持ちやどうしたいのかも聴いてあげてみてくださいね。そして、お子さんにはお子さんの対処法があるはずです。お母さんのときの対処法も1つの情報として伝えつつ、お子さんに合った対処法を見つけてあげてくださいね。

そして、子供の頃につらい経験をされたお母さん。その当時の自分に「よく頑張ったね」と伝えてあげてください。お子さんと同じことのあなたは、ただ我慢するしかなかったかもしれません。それを幼いながらに自分で何とか乗り越えたご自分を、今からでも労って、褒めてあげてくださいね。

9　一度休んだらクセになりそうで、学校を休ませることに抵抗がある

よくあるお悩み

ＨＳＣの子供が学校に行くことがとても大変なことだとは頭ではわかっていますが、学校を休ませることでクセになってしまい、行かないことが当たり前になってしまうのではないかと思うと、

休みたいと言ったときに休ませてあげることができない自分がいます。

面倒臭いから行きたくないのか、本当に学校生活がつらくて行きたくないのか、見分けがつけられません。

心の状態とサポート方法

お子さんの「学校行きたくない」には、どんなお母さんでも迷いが出ると思います。遊びたい、ダラダラしたいために学校を休むと言っているのか、本当にストレスが蓄積していて行きたくなくなっているのか、見極めることは難しいですよね。お子さんの心の中を正確にわかるのはお子さんだけです。お母さんがわからなくて当然なんです。

そんなときは、お子さんとじっくりゆっくり話しましょう。お母さんの価値観は一旦横に置いておいて、お子さん自身がどう感じているのかを、教えてもらうつもりで話を聴いてあげてくださいね。そこで大きなストレスに気づき、それでも休ませてあげることに抵抗があるようでしたら、まずは1日だけと、自分の中で決めて休ませてあげるのもいいですね。

そして、またお子さんとその都度話していきましょう。もし、お母さんの気持ちに余裕があるのであれば、「なぜ、学校を休ませることに抵抗があるのか」、ご自分の中のこだわりと少し向き合ってみるのもいいかもしれませんね。そうすることで、これからのお子さんと学校に対する考え方の視野が広がり、選択肢も増えるかもしれませんね。

10　褒められない親だと、子供の自己肯定感は上がらない？

よくあるお悩み

ＨＳＣは自己肯定感が低いという印象がありますが、私（母）が下げてしまっているかもしれません。自分が子供の頃褒められた経験もないので、子供をあまり褒められません。ガミガミと常に怒っていて、言い方もついきつくなってしまうので、子供に申し訳ないと思います。でも、また同じことを繰り返して、叱ってしまって自己嫌悪の繰り返しです。子供の自己肯定感は、こんな親に育てられていても上げられますか。

心の状態とサポート方法

親である自分がお子さんの自己肯定感を下げてしまっていると感じることは、とてもつらいですね。でも、褒められないから上げてあげられないということだけで、お子さんの自己肯定感が下がるわけではありません。その想いは、お子さんの自己肯定感を上げてあげたいからこそ感じることですよね。イライラや褒められない、自己嫌悪などは、お母さん自身の自己肯定感が影響していることもありますので、お子さんと一緒に上げていきましょう。

お子さんのためだけでなく、ご自分のことも大切に想ってもいいのです。ご自分の人生を楽しみながらお子さんの自己肯定感も上がっているイメージをしてみてください。ワクワクする未来を思い描くことで、行動が伴い、イメージした未来を引き寄せていくことができます。

まずは、第９章３の～安心できる方法～を実践してみてくださいね。

イライラや悲しいという感情の原因は？

イライラや悲しいという感情は、お母さん（お父さん）の焦りや不安が関係している場合もあります。ガミガミと言ってしまうのはどうしてでしょうか？

何かお子さんに対して憎しみの感情があるのでしょうか？

そうではありませんよね。お母さん（お父さん）は、お子さんのことを心配したり、お子さんが困らないようにという感情で、つい怒りが出てしまうこともあります。

もしくは、その感情はご自分の今までの人生経験が影響している可能性もあります。

イメージをするときに大切なこと

《こんなことをイメージ》

① そのときの自分の表情は？
② どんな行動をしている？
③ どんな気持ち？
④ 何を考えている？

じっくりと味わって、ワクワクしたり、幸せな気分を十分に感じましょう。

より具体的に想像することで、潜在意識はその願望は叶うものだと思ってくれます。

ネガティブなイメージがありありとイメージできる場合は、ポジティブなイメージも徐々によりリアルにイメージできるようになってきます。

第5章　思春期HSCのお悩み

1　学校に行きたいのに、行けなくなってしまう

よくあるお悩み

学校に行くまでは準備をするのですが、いざ行こうとするといけなくなってしまいます。頭の中ではいかなきゃと思っているのですが、行くことが怖いような感覚もあります。特に何かがあるわけではありません。

なんとか学校に行っても、返ってくると急に疲れて何もする気が起きなくなります（息子）。

心の状態とサポート方法

学校に行かなければいけないという理性と、行くことで疲れてしまったり漠然とした不安があったりすることで、心の葛藤が毎朝起きている状態かもしれませんね。本当は行くことに抵抗があるのに、行かなければいけないという価値観で強制的に行かせているという状態でしょう。

葛藤が起きているときは、気持ちと考えがごちゃごちゃと混ざり合ってしまい、混乱状態になってしまいます。お子さんの行きたくない気持ちと、行かなきゃいけないと思う気持ちで、分けて整理をするのを手伝ってあげてもいいですね。少し冷静さを取り戻すと、自分で落ち着いてその後の心の整理ができることもあります。

2　気を使って友達と付き合っていて、本当の自分が出せない

よくあるお悩み

学校で仲良くしている友達がいますが、すごく気を使っている自分もいます。気を使わずに付き合える友達はいません。親友と呼べる友だちもいないので、学校の友達と一緒にいるとすごくがんばって合わせてしまい疲れます。

私以外の子たちは、こんなに友達をつくることが大変そうではありません。本当の友達と言える友達ができるのか不安です（娘）。

心の状態とサポート方法

思春期は、ＨＳＣのお子さんでなくても友達関係で悩むことはとても多いです。中でもＨＳＣのお子さんは、友達間での自分の居場所や、どれだけ自分と仲がいいか、楽しいと思ってくれているかなど、友達に関して多くのことを分析しています。友達に目を向けて考えているうちに、自分がどうしたいかがわからなくなり、その状態こそが不安を大きくしていきます。

まず、自分自身が友達をどう思っているのか、自分の気持ちに目を向けていきたいものです。自分の感情に気づける様に、「その子のことが好き？　どういうときが楽しい？」という、自分の感

情を知ることができる質問をかけてあげるといいですね。「どう思われているか」という視点から「どう思うか」の視点に、少しずつ変えてあげられるといいですね。

3　不安になっている自分に、さらに不安になるという悪循環

よくあるお悩み

自分の将来のことや、今の生活のことを考えると、どうしたらいいのかわからなくなり不安になって泣けてきてしまいます。自分に自信が持てないし、何をしてもうまくいかないことしか考えられなくて、なんでもネガティブに捉えてしまいます（娘）。

心の状態とサポート方法

自分のことがよくわかっていない、自分の考えていることや感じていることに安心できていない、自分に自信が持てないなど、自分のことが好きになれないという印象のＨＳＣのお子さんはたくさんおられます。ＨＳＣのお子さんは、出来事に対し内省することが多く、自分で自分を否定してしまい、不安を大きくするという悪循環にはまりやすいです。

まずは、自分がどんな人なのか少しずつ理解を深め、わかったことを少しずつ受け止めてあげるために、他人ではなく、自分自身でそれをしていくことで自信や安心感が育ち不安が減ってきます。

まずは自分をジャッジせず、「私はこう思っているんだな〜」と流すようにすることから始めるといいでしょう。そっと見守ってあげてくださいね。

４　自分のやりたいことが見つからず、どういう進路を選択をしたらいいかわからない

よくあるお悩み

今の学校生活にこれでいいのだろうかといつも感じています。もしかしたら、他の選択をすることでもっと楽になるかもしれないけど、状況が悪くなる可能性もあるのでどうしていいか分からなくて、なかなか決められません（息子）。

心の状態とサポート方法

大学や職種の選択、学生生活も高校生以上になると様々な選択ができるようになります。選べる環境になると、成功する未来を選択したいと考えるために、間違いたくない、失敗したくないという思いから悩み事が増え、結果的に考え込んでしまうだけで行動に移すことができないという状態になります。今すぐに最善の結果を出そうとするのではなく、いつからでもしたいことはできるので、今の自分にとって大切なことを重視できるといいですね。

お母さん（お父さん）が希望する進路を選択しないかもしれませんが、お子さんの人生の選択に自分の想いが強くなってしまうときは、なぜそう感じるのかお母さん（お父さん）自身のお気持ちを知り、その気持ちを受け止めてあげるようにしてみてください。

そうすることで、どんな進路を選択したとしても、お子さんを心から応援してあげることができるようになり、お母さん（お父さん）自身も気持ちが楽になりますよ。

5 「考え過ぎ」とよく言われるが、考えることをやめられない

よくあるお悩み

気楽に考えるように友達や親にも言われるのですが、どうしてもあれこれ考えてしまって、考えることをやめることができません。

他の人はこんなに考えていないのかと思うと、どうやって考えるのをやめたらいいのかもわからなくて、疲れてきます（娘）。

心の状態とサポート方法

ＨＳＣのお子さんは、思考が深いために考えてしまうものです。そこまで考えないタイプの友達に言われると自分がおかしいのかと考えてしまいがちですが、考えることがよくないことという

のは思い込みでもあります。

考えていることが整理されていない状態だと混乱して冷静な発想が出てきません。

まずは、考えてしまう自分を受け入れ、考えてもいいと許可を出してあげられるよう「今、これを考えた。あれを考えた」と、言葉にしながら整理していけるようにお手伝いをしてあげるのもいいですね。

頭の中で考えているとわかりにくいので、一度外に取り出して考えるという感じです。

慣れてくると、頭の中に考えがある状態で整理できるようになってきます。お子さんが、考えを外に出しやすい環境をつくってあげるのもいいです。お母さんと2人きりになる時間や場所もあると、より安心して出せます。

6　せっかくアドバイスしても、聞く耳を持たない

よくあるお悩み

子供がつらそうにしているため、アドバイスをしてあげているのですが、「おかあさんにはわからない」「そんなことできない」と、アドバイスを聞いてもらえません。言われると余計に怒れてしまうようなので、言わないほうがいいのか悩みます。言わないと「お母さんは私のことはどうでもいいと思ってる」と言うし、何が正解なのでしょうか。

心の状態とサポート方法

お子さんは、お母さんに悩んでいることをわかってほしい、気にかけてほしいという気持ちが一番大きいということがあります。お子さんは、アドバイスをしてもしなくても、このやり取り自体がお母さんとのコミュニケーションだと思っている子も少なくありません。

お子さんの反応は気になってしまうと思いますが、お母さん自身のお気持ちはどうでしょうか。伝えてあげたいと思うから伝える、言いたくないから言わないという、ご自分の感情にフォーカスして判断していけると、お子さんに振り回されず自分の育て方ができます。お母さん自身の不安が強い場合は、お母さんの心のケアにまずは重点を置いてみてくださいね。

7　実際はそんな現実ではないのに、ネガティブな思い込みをしてしまう

よくあるお悩み

「あの子は本当は私と仲良くしたくないと思っている」とか、「私はグループの中で嫌われている」とか、自分がどう思われているのかをネガティブに捉えているようですが、実際は友達からよく誘われて遊びに行くことも多いですし、仲良くしているように見えます。

これはうちの子供の思い込みなのか、仲良く見えるだけなのか、どう受け止めたらいいでしょうか。

心の状態とサポート方法

実際、ＨＳＣのお子さんは誰とでも仲良くできたり、その場の空気を読んで状況に適した対応ができるので、人から好かれやすいことも多いのですが、お子さんは、本当に自分と仲良くしたいと思ってくれているのか、自分が気を使わなくなったら去ってしまうのではないかという不安も常に抱えながら友達に接していることもあります。

「慕ってくれているから誘われるんだよ」と伝えても、本人が言ったわけではないからと、確信が持てずに不安は払拭できません。

そんなときは、お子さんに思い出させてあげるといいでしょう。「今まで友達からの好意を感じたのはどんなとき？」お子さんの中で、そのときのことを探して思い出してくれます。

これを何度も続けていくと、お子さんの中で「私は嫌われてはいないのかも」と思うことが少しずつ増えてきます。お子さんの思い込みを書き換えるお手伝いをしてあげてみてくださいね。

8　大人と子供の立場をうまく使い分けている

よくあるお悩み

何かしてほしいときは、子供だからできない大人がやるものだと主張してくるのに、少しでも親の立場で注意すると、子供じゃないので対等な立場として反発をしてきます。その都合のよさに腹立たしくなってしまうこともあります。

こういうときは、この子の繊細さが本当なのかと疑ってしまう自分がいます。

心の状態とサポート方法

ＨＳＣのお子さんは、実際の年齢よりも精神年齢が高い場合も多くみられます。思春期ほどの年齢になってくると、少し生意気さが増し、大人と子供の立場を上手に利用することも出てきます。

そのときは、自分の都合のいいほうに解釈し、楽をしようということに思考が働いているので、ある意味「考え過ぎてしまう」気質をうまく活用できているときでもあります。

その生意気さに腹立たしくなることもありますが、悪循環ではない冷静なときはこういう使い方をしているんだと気づかせてあげることもいいですね。

お母さんも、そのお子さんの態度に深刻にならずに面白がって受け止めてみることで、自分自身の怒りやお子さんへの自分自身の想いを俯瞰してみることができるかもしれませんね。

繊細さんであっても、四六時中繊細な訳ではありません。

考え過ぎるお子さんの思考を、ポジティブに捉えてみるのもお互いにとっていいかもしれませんね。

9　自分は傷つきやすいのに、家族に対して傷つくようなことを言う

よくあるお悩み

ＨＳＣは傷つきやすいと聞いたので、なるべく気を付けて話していますが、中学生になってから反抗期のせいか、人を傷つけるようなことを自分が家族に対して言ってきます。

学校ではそんな様子は見せないようなのですが、親や、特に弟には当たりがひどくて、傷つけるようなことを平気で言うので腹が立ってしまいます。

叱るというのも、傷つけてしまいそうで、何が正確なのかわからなくなります。

心の状態とサポート方法

お子さんはＨＳＣに限らず中学生前後の時期には反抗することが出てきます。無視をしたり、反発して言い争いになることもありますよね。お子さんの反抗期は、ＨＳＣであってもなくても、出る子もいれば出ない子もいます。

兄弟に対して、乱暴な言葉を使って威嚇することもありますし、言葉のチョイスもかなり厳しい言葉を選択してくることもあります。そんなときは、その言葉を使うことで傷ついていることは伝えてあげてもいいでしょう。

伝えることで叱られたと敏感に察知し落ち込むこともありますが、いけないことをいけないと言わないことのほうがＨＳＣのお子さんにとっては違和感を感じる部分でもあります。時期的なものなので、必ず気持ちが落ち着けば態度も落ち着いてきます。

はっきり伝えることもときには必要になります。お子さんの人格を否定する言葉は避け、お母さんの感情を伝えてあげてくださいね。

10　学校では比較的いい子だと判断されるが、自宅ではモンスターに変貌

よくあるお悩み

自宅に帰ってくると疲れているのはわかりますが、「あれ取って〜」「これしておいて〜」と、自

分でできることもしなくなります。車での送迎も、特に何もない日でも「今日は車で送ってね～」と歩いていけるはずなのに、何かと親をあてにしてきます。

学校では、そんな素振りは見せていないようで、しっかり者で優秀だと言われますが、家でも少しは、自分でやってもらいたいです。

心の状態とサポート方法

お子さんは、なんでもしてくれるお母さんに甘えているかもしれませんね。頭はとてもよいと思いますし、空気も顔色も感じ取ることができるはずなので、必ずしもＨＳＣみんながそうとは言えませんが、そこも加減してわがままを言っている可能性もありますね。

そのようなときは、お母さん（お父さん）は、普段どのように対応をしているでしょうか。

そこも、お母さん（お父さん）が、自分のやることやエネルギーの加減で、すべて聞き入れなくても構いません。

できないことを伝えたり、自分の気持ちを優先するときがあってもいいのです。我慢しすぎて自分にばかり負荷をかけないように、自分のことも大切にお考えくださいね。

お子さんも、お母さん（お父さん）が我慢しているのではないかと気づいていることも多くあります。

お母さん（お父さん）に、こんなに我慢させてしまう自分は悪いことをしているのではないかと、不安になることもありますし、そんな自分は悪い子だと思い込むことで、自分の思っていることを伝えずに我慢しようと感情を抑え込んだり、自分に自信が持てなくなってしまうこともあります。

お互い我慢しすぎず、安心して伝えられる関係づくりをしていきましょう。

加減が難しい？

お子さんはわがままを言っているとわかっている場合は、あとで「言い過ぎたな」と反省をしたり「困らせちゃったな」と、1人で反省していることが大半です。

言われなくとも自分で反省して、その加減を調整していることもありますので、あまりお子さんの言うことばかりを優先しなくても大丈夫ですからね。

ご自分の気持ちのゆとりの具合に合わせて、聞いてあげられる日があってもいいですし、聞いてあげられないときもあってもいいです。

あくまで、お母さん（お父さん）ご自身の気持ちのゆとりで決めましょう。

第6章　社会人ＨＳＣの悩み

1　仕事とプライベートをうまく切り離すことができない

よくあるお悩み

職場では常に気を使っていて、家に帰ってくると一気に疲れが押し寄せてきて何もする気になれません。休みの日も、仕事のことを考えてしまい、何をしていても楽しいと思える気持ちの余裕がなくなってきてしまいました。

仕事に行こうとすると、体調が急に悪くなってしまいます（娘）。

心の状態とサポート方法

頭では仕事に行かなければという考えがあるのに、心と体が拒否して、いわゆる葛藤状態になるので、気づかないうちにストレスになり体調に現れたりもして

きます。つらそうなお子さんに対して、何かしてあげたい。

そんなときは、お子さんが心を休めるために一旦仕事をお休みする後押しを。ＨＳＣのお子さんは自分に厳しく、休むことに抵抗がある場合もありますので「今日だけ」と言ってあげると少し疲れている自分を許せるようになります。

２　前職のトラウマで復職することが怖くなってしまう

よくあるお悩み

職場での対人関係のトラブルや、仕事が人よりできないことがつらくなり退職しました。少し休養をとっていたのですが、また同じことになるのではないかと思うと、次の仕事を始めるのが怖くて仕事を見つける気になれません。

でも、このままではよくないのもわかっています（息子）。

心の状態とサポート方法

前の職場で上司や先輩から言われたことをきっかけに、自分を責めてしまっている場合もあるかと思います。ＨＳＣさんは繊細で言われたことを真摯に受け止め内省する傾向があります。できていることもあるはずなのですが、他人から言われたことでできてないことに視点が切り替わりトラウマ級の悩みになってしまいやすいです。

そんなときは、お子さんのよいところやできていたところに気づかせてあげてください。

9のできていることも1のできていないことに目が向きますが、9に気づけると自信につながってきます。

一度に大きな自信をつけようとせず、ちいさな自信を少しずつ取り戻してあげてみてくださいね。

3　自宅にこもりがちで、社会から孤立していると不安になる

よくあるお悩み

誰にも会っていないため、社会から孤立しているように感じて不安になります。

友達は仕事をしていて会社から必要とされているのに、自分は誰にも必要とされていないのではないかと、自分の価値を考えてしまい眠れない日もあります（息子）。

心の状態とサポート方法

過去の対人トラブルや、対人関係は気を使い過ぎて疲れるものだと一度苦手意識をもってしまうと、人に会うだけで疲れるし傷つくかもしれないという思いが出てきて、人に会うことも、自宅から出ることも怖いと感じてしまうことがあります。

うまく人と関われる人と比べて劣等感も感じやすいでしょう。

しかし、ＨＳＣさんは本来人に好かれる要素をたくさん持っているので、本来の自分が出せると対人関係はとても上手なんです。

こんなときは、本当の自分の価値や良さに気づけるように、まずは話さなくてもいいので近所を散歩している人とすれ違ってみるなど、簡単なことでいいので人に慣れることから始めていきましょう。

4　ダメだと思うほど、親にお金のことを甘えてしまう

よくあるお悩み

働いていないので収入がないのはわかっているのに、買い物や友達とのお出かけをやめることができません。親にお金をもらうのはよくないと思っているのに、やめられないので自分が怖くなってきてしまいます（娘）。

心の状態とサポート方法

頭では働かないとお金を使ってはいけないとわかってはいるのだけれど、そんな気持ちを抑えれば抑えるほどどうしてもお金を使う用事をつくってしまうのは、自分を無理に抑え込んでいる反動

でもあるかもしれませんね。お子さんが働きたいのに働けない状況をよく理解しているお母さん（お父さん）は、どこまでお金を出してあげていい？　と悩むところだと思います。

そんなときは、抑えれば抑えるほど抑えることができないお子さんの気持ちを理解していることを伝えてあげるといいでしょう。

ここでも、自分1人で悩んで止めなければとさらに追い込んでしまうとかえって長引くこともあります。

そして、お子さんが相談してきたときは収入を得るためにできる始めの1歩を一緒に考えてあげることからサポートしてあげてみるのもいいでしょう。

5　やりたいことがあるのに親にわかってもらえない

よくあるお悩み

今は自分のやりたいことが、なんとなくあるような気がします。でも、親には相談していません。たぶん親は望んではいないと思います。

普通の会社に就職して、安定した収入を得ることがいいと思っていると思うし、以前相談したときにそうやって言われました。

確かにそうだと思うと、自分のやりたいことをやるのはまだ早いかもしれません（息子）。

心の状態とサポート方法

お子さんは社会に出るようになると、いろんなことを経験したり家族以外からの情報もたくさん学んできます。その中で、自分のやりたい仕事をしている人にあこがれを持ち、自分もそんな人生を歩んでみたいと夢を膨らませることもあります。現実の厳しさを知っているお母さん（お父さん）からしてみたら、大切な子供にはより楽で幸せな人生を歩んでもらいたいと思っていることでしょう。

しかし、そこでお互い価値観の押し付け合いになると「自分のことをわかってくれていない」と解釈することもあり、円満に話し合いができなくなってしまいます。

まずは、反対であってもお子さんの気持ちを受け止めてあげてください。すると自然と安心感が生まれお母さん（お父さん）の経験談にも聞く耳を持ってくれたりもします。

6　職場で馴染めず、自分だけ浮いていると感じて居心地が悪い

よくあるお悩み

職場で孤立しているように感じます。みんな和気あいあいとしているのに、自分は職場の人の中に馴染めず浮いているような気がして、居心地が悪いと感じてしまいます。なかなか心を開いて相談できる人もできません（娘）。

心の状態とサポート方法

職場で仲がよさそうな関係を築いている人を見ると、うらやましく思ったり、どうして自分にはそれができないんだろうと、そうできない自分のことを嫌ってしまうこともあります。

周りからは、まじめで優しいという印象を持たれやすいですが、どう思われているかを気にするあまり、どうしても自分で壁をつくってしまうこともあります。

まずは、自分の好きな部分を知り、その部分の自分を出せるようになると自然と壁は薄くなっていきます。

お子さんのよいところを伝え、お子さん自身がそんな自分を出せたときは自然と仲良くなれていたことを思い出させてあげるのもいいですね。

7　お子さんのつらそうな姿を見て、お母さん（お父さん）が心配になる

よくあるお悩み

子供が仕事から帰ってきたときに、ふさぎ込んでいたり、ものすごく疲れた様子で部屋に行くのを見ると、このまま仕事を続けさせていいのか、辞めさせたほうがいいのかわかりません。このまま続けていけるのか心配になります。

心の状態とサポート方法

お子さんの様子を見て、自分のことのように不安になってしまっていませんか？　今困っているかもしれないのは、お母さん（お父さん）ではなくお子さんであるということをまずは一度認識してみましょう。

お子さんの問題を、自分の問題に置き換えてしまうことはよくあります。お子さんを心配するがゆえに不安になってしまうのでしょう。まずは、お子さんがつらそうなことで不安になってしまうお母さん（お父さん）自身の気持ちを、ご自分が1番に理解してあげてくださいね。「心配してはいけない」ではなく、心配で何かしてあげたいという気持ちもとても素敵なことですよね。そこをご自分が受け入れてあげてくださいね。

8　子供優先の生活なので、思うように時間をうまく使えない

よくあるお悩み

子供の不安が強く、そばにいてほしいというので心配で離れることができません。買い物も子供が落ち着いている時間帯に行っていますし、いけない日は家にあるもので済ませるようにしています。私の友達との約束も子供の調子によってキャンセルしています。

心の状態とサポート方法

お子さんの気持ちがふさぎ込んでいるときに、1番に頼れるのがお母さん（お父さん）だとわかっている親御さんは、お子さんが必要だと感じたときにすぐに駆けつけてあげたいと思いますよね。

しかし、そういったお子さん最優先の生活をしていると、自分の時間もとれずお母さん（お父さん）自身もストレスを抱えてしまいます。まずは、今の生活の中でお子さんにしてあげていることに対し、ご自分がそれだけのことをしてあげているということに気づいてください。そして、1週間に1度、数分程度でもいいので自分のことを考える時間（自分を優先する時間）をつくってあげてみてください。そこから徐々に頻度や時間を増やし、自分のために時間を使うことに慣らしていきましょう。お母さん（お父さん）自身が、ご自分を大切にすることを忘れないようにしていきたいですね。

第7章　HSCに寄り添うために、「助けてほしい」を知っておきましょう

1　自分で自分のことがよくわからない

こういうことが起きている！

自分のことがよくわからなくなってしまうというＨＳＣのお子さんは本当に多くみられます。その原因としては、ＨＳＣの子は空気を読んで普段からいろんな人に合わせることができるので、自分がいる環境（グループや関係性）でキャラを変えることがよくあります。これは自覚なしに変わっていることも多いです。

そうやって、キャラをコロコロと無自覚で変えていることを振り返り、「本当の自分のキャラはどれなんだろう？」と考えるのです。

これは「1人反省会」をしやすいというＨＳＣの特徴も影響しており、出来事などを振り返って内省することで、自分の中の疑問として出てきます。

他にも、自分はこういう性格であろうと思っているのに、その根拠を覆すような情報が他から入ってくると、そこでまた惑わされ、内省して「そもそも自分らしいって何なんだ？」と深掘りし、さらにわからなくなるということも起きてきます。

例えば、自分はだらしないと思っていたのに、友達から「しっかりしてるよね！」と、ひとこと言われただけで、それだけでダラダラしている自分としっかりしている自分、どっちが本当の自分なんだろう…と、グルグルと考えてしまうという感じです。

本当は1人で過ごすのが好き、でも友達といるときはワイワイと騒いでいる自分がいて、先生の前ではしっかり者なのに、親の前では乱暴になったり嫌なことを言う自分がいて。

こういったことで、自分って何なんだろうと悩むこともあります。

どうしたらいい？

こういうときのお子さんは、自分1人の持っている情報の中でグルグルと考えて、「あーでもない、こーでもない」と、堂々巡りになっているという状態です。かといって、それをお母さん（お父さん）や友達、先生などに相談するかと言えば、相談もしないことが多いので、お母さん（お父さん）は気づいてあげることすらできないでしょう。

でも、相談してきても、してこなくても、どちらにしても間違いなく言えることがあります。それは、「どんなあなたでも大切に想っている」ということ。そして、どんなキャラを出しているときもすべて「本当の自分」でいいのです。

しっかり者でいようと頑張っている子でも、やるべきことを後回しにしているダラダラな子でも、お母さん（お父さん）にとって大切なわが子であることは間違いありませんよね。

お子さんが自分自身のことを丸ごと受け入れてあげられるようになると、自然と生き生きとしてきますし、そうなるときはどんな子でも必ず来ます。

2　居場所がないと感じる

こういうことが起きている！

まずは、物理的に1人になれない環境であったり、空気を読んで自分がいてもいいのだろうかと感じてしまったり、場合によっては、自分がいることで罪悪感を感じてしまうこともあります。

また、ＨＳＰは5人に1人と言われておりなかなか共感してもらえる相手がいないと感じることや、自分のことをあまり表現しないＨＳＣの子が多いので、自分のことをわかってもらえない状況も多くあります。

そのため、わかってもらえないと感じたり、ありのままの自分でいられる場所がないと感じてしまうこともあります。

どうしたらいい？

これに関しては、本人の捉え方の問題が大きく、たとえ安心できるように親御さんが環境を整えてあげたとしても、その効果がうまく発揮されない場合もあります。

前述したお子さんの心理状態であった場合は、周りに自分のことをわかってもらうことも難しく、その状況で安心できる場をつくってあげることはなかなかできないと感じてしまうこともあるでしょう。

このように、ＨＳＣではなかったとしても、自分のことを表現できない場合はなかなか周りから理解されないことのほうが多いものです。

そんなときは、焦って「今すぐ」安心できる居心地のよい場をつくろうとすると、お母さん（お父さん）の気持ちが空回りして悪循環に陥ってしまいやすいものです。

まずは少しずつ時間をかけてもいいので、自分で自分の居場所をつくっていけるようにしてあげることが必要になってきます。

今すぐにできることは、お子さんがご自分でご自分の機嫌を取ることです。

例えば、１人になれるよう自分の部屋に移動する。学校などでは、一時的にでも今の場所よりも気持ちが楽になれる場所へ移動するなど。

始めはこうやってその場をしのぎながらでも構いません。少しずつ「自分のままでいいんだ」と思えるように声をかけていってあげてみてくださいね。そうすることで、徐々にありのままの自分を受け入れ、自分をまっすぐに表現できる人に成長してくれます。

3　自分を責める癖がついている

こういうことが起きている！

ＨＳＣのお子さんは、大人に成長していく過程で自分を責める癖が徐々についてくることもあれば、小さい頃から自分を責める癖がある場合もあります。

これは、もともと持っている性格のまじめな面や向上心がある面が影響していることが多いと考えられます。何かできないことがあったときに、「まーいっか！」ができないということが多いＨＳＣさんは、できないことや苦手なことがあるのはよくないことだと判断し、何とか改善しなければならないと考えるでしょう。

例えば、運動が苦手な子が、それがみんなと同じようにできるようにと努力したり、内向的で1人の時間を好む子が、友達はたくさんつくらなきゃいけないと活発にふるまったり。

でも、苦手なことや向いていないことであるために上達しなかったり、できるようになるまでに時間がかかったりします。そんなときに、得意なことと同じようにできない自分や上達の速度が遅い自分を責めるという流れになりやすいものです。

さらに自分の求める理想が高いことから、できていることに気づかなかったり、できていないことばかりが気になってしまったりもします。

そして、自分の周りで自分の苦手なことを得意とする人と比較し、また自分を責めてしまうことも多くあります。

どうしたらいい？

まずは、できていないと感じていることの中でも、「できていること」「できたことがあるとき」に目を向けてみましょう。

どんな小さなことでも、できたことに気づけるということは自信につながります。

そして、できていないと思っているだけで、できた日もあるかもしれません。

ＨＳＣさんは、自分のことを振り返り、改善しようとしたりさらによくしようと向上しようとします。内省できる子は自分を成長させることができるので、本当はとても素敵な性格なのです。できない自分が許せないこともあるでしょうし、苦手なことを克服しようとすることはとてもいいことです。

でも、自分に厳しくなりすぎてしまうのです。

「できないことがある自分でもいい」、もしくは「できないときがあってもいい」ということに少しずつ気づいてくれると、辛さは軽減していきます。

4　なかなか理解してもらえない

こういうことが起きている！

・ストレートな表現が苦手

「居場所がない」のところでも少しお伝えしましたが、ＨＳＣさんは自分を表現することがあまり得意ではありません。

そのうえ、独特の発想力を持っていたり、1つのことを何重にも複雑に考えていたりするので、相手に伝わりにくいということが多くあります。

例えば、友達から「今どこにいる？」という質問に対し「家にいるよ」というシンプルな返答で済むことも、「自分が家にいると返事して、もし友達が家に遊びに来ようとしているのに自分が家にいなかったらマズイから、家にいると言わないほうがいいかな？　もしくは、家から出ないようにこの後の出かける予定を変えるほうがいい？」など、会話の裏を読んだり、複雑に考えてしまうために、ただ「家に今いる」ということですら、そのまま伝えることができないということもあります。

・無自覚で役者になってしまう

共感力が高かったり、相手の立場になり物事を考えることができるがゆえに、自分でも気づかなことうちに別の自分を演じてしまうこともあります。

例えば、学校で自分の調子がよくないときに、つらそうにしていたらこの人だったら必要以上に自分のことを心配してしまうだろうとか、体調が悪いとアピールして逃げていると思われたくないなどと考え、元気な振りをしてしまいがちです。

どうしたらいい？

こういうとき、お子さんは自分のことをわかってもらえない淋しさと、わかってもらえないのは自分のせいではないかという不安を抱えていることもあります。

たとえ親であっても、察してわかってあげるということは難しいことでしょう。

お子さんは、少しずつ勇気を出して部分的に伝えてきてくれることもあります。

話のつじつまが合わなかったり、突然切り出してくるので話の前後が見えなかったりすることもあるかと思います。

まずは、お子さんが話してきてくれたときには、その言葉を伝え返してあげましょう。そして、そのときのお子さんの気持ちをそっと聞いてあげてみてくださいね。

お母さん（お父さん）は、今までお子さんのことを理解してあげたいと思ってきたからこそ今このＨＳＣというところにたどり着いています。

そんなご自分の「子供のことを理解しようという気持ちがある」ことに自信を持ってくださいね。

5　自分への制限（ルール）が多い

こういうことが起きている！

ＨＳＣのお子さんは考える力がとても強い傾向にあります。また、小さな情報も見逃さないということも特徴ではあります。

ですので、生活している中で目にすること、耳にすることはすべて、自分の中で分析するための情報として捉えていることが多くあります。

友達が叱られているのを見ただけで、「こういうことをしたら叱られるから、してはいけない」や、兄弟のできていない部分を見て格好悪いと感じると「こうならないように、こうしなければいけない」と感じたり、大人から「普通はこういうものなんだよ」と言われたときに、「普通はこうだから、こうするものなんだ」と考えます。

また、自分が経験して、うまくいったことや失敗したことなども極端に捉えて「絶対こうしなければいけない」と強く思ったりします。

こうやって、見聞きしたことや体験したことを自分の中のルールとして自分に厳しく守らせようとする場合も多くみられます。

これが、自分の中のこだわりが強くなる理由でもあり、その子の個性となる部分ではありますが、思い込みや固定観念という自分を縛り付けてしまう原因になってしまうこともあります。

どうしたらいい？

お子さんは、極端に考えることが多くありませんか？

例えば、「絶対に」「すべて（全部）」「毎日」などの言葉がつきそうな言い方をしているときはないでしょうか。

「絶対に○○をしなければいけない」「全部こうなっていなければいけない」「毎日○○するのが普通だ」こういう言葉に気づいたときに、少し緩めてあげるのもいいですね。

「できないときがあってもいいよね」「やれない状況もあるよね」「やらない日もあっていいよね」そんなことをサラッとつぶやくだけでも、お子さんはちゃんと情報として聞いているのです。

お子さんの凝り固まった考えに、少し新しい風を入れてあげられるのも、お母さん（お父さん）だからこそなんです。

口ではどんなに生意気なことを言っていても、お子さんはお母さん（お父さん）の言うことは心にとめてくれています。

裏腹な態度をとってしまうのもＨＳＣのお子さんにはよくあることです。

聞き入れてくれているかどうかにこだわらず、お母さん（お父さん）もお子さんを信じて、伝え続けてあげてくださいね。

6　気楽（テキトー）にやることができない

こういうことが起きている！

気楽に考える、適当にやる。こういったことができないというのも、ＨＳＣのお子さんは悩みがちです。これは、こだわりが強い（執着）、負けず嫌い、責任感、妥協しない、人目が気になる、こういう理由から、ついついテキトーができなくなってしまいます。

気楽に考えることができなかったり、テキトーに手を抜くことができないのは、お子さん自身が自分のできないことを認めたくないと感じていたりしているかもしれませんね。

もともと1つのことに没頭するタイプである場合は、気になってしまうことに集中しがちで、そこで妥協できなかったり、できないことが悔しいからもっともっととさらに頑張ってしまうこともあります。自分自身に対して負けず嫌いが出てしまうんですね。

他にも、これができないと他人から思われたくないという気持ちや、自分にこれができないと他人に迷惑をかけてしまうのではないかという、他人目線での評価で手が抜けなくなってしまうこともあります。

そして、本人の気持ちとは裏腹に深く考えないようにしようと思えば思うほど、そこに執着してしまい考えたくなってしまうという「カリギュラ効果」というものも発動してしまうのです。

お母さん（お父さん）からしたら、どうしてそこまで考えるのかわからない、なんでそこまでするの？　と感じることも多いでしょう。

大人になってきたら、徐々に手の抜き方も覚えていくものです。でも、お子さんにとってはまだ「手抜き」に関しての情報や経験が少なく、「手抜き」がよくないことという認識がある場合もあるのです。

どうしたらいい？

手抜きができないというのは、お子さんにとって「手抜きができないから私はこんなにつらくなってしまうんだ」という想いと「手抜きするなんてよくないし、みんなしていない」という気持ちの葛藤があることも少なくありません。

何事も全力で一生懸命に取り組む自分を純粋に「私ってすごいな！」と思えることで、できないことがあってもいいし、できないときもあるということを学んでいきます。

そうすることで、「これだけ頑張っているんだから、できない日があってもいい」「疲れたときは少し緩めてもいい」と自然と思えるようになってきます。

お母さん（お父さん）から見たら、お子さんは本当によく頑張っているし、頑張りすぎだと思うこともあるでしょう。見ていて不憫に思うこともあるでしょうけど、そんな頑張り屋さんのお子さんの「がんばりたい気持ち」も大切にしてあげてくださいね。

7　人を信用できなくなる、対人関係に苦手意識を持ってしまう

こういうことが起きている！

ＨＳＣのお子さんは対人関係に苦手意識を持つことが多くあります。人の顔色を常に気にしていたり、相手のことをいつも思っているために、自分のエネルギーを自分以外の人にたくさん使ってしまいます。そのため、人がいないほうが楽なのではないかという考えに行きつくこともあり、対人関係の苦手につながりやすいです。

また、相手の気持ちや考えていることを推測して思い込んでしまうことも原因の1つと考えられます。

そして、極端なものの見方をすることで、１００％好きになり、あるとき1％の嫌いを見つけると、残りの99％の好きな部分も否定してしまうということが起こります。

例えば、好きな人の嫌いな面やダメなところを見つけると、勝手に「こんな人だとは思わなかった」と、裏切られた気持ちになるので、裏切られたと感じやすく人を信用してはならないという固定観念ができあがってしまうのです。

しかし、本来ＨＳＰさんは人付き合いがとても上手で、人間関係を築くのも大変得意なのです！

なぜなら、人の顔色を敏感に察知して相手の状況をいち早く理解し、そして共感してあげられる

上に、どうしてあげたらいいのかということまで考えられるのです。

他にも、争い事が嫌いなのでその場の空気を悪くしないように両者を取り持つことができたり、その場に合わせたキャラで接することができるため誰にでも合わせることができたり、大勢の中で浮いてしまうような人にも気づいて気を配れるなど、対人関係において必要な能力がすでに揃っているのです。

こうやって相手のことを想うことができる人を、嫌いになる人なんていませんよね。

どうしたらいい？

まずは、ここでも「好きな部分と嫌いな部分があっていい」などと極端な部分を緩めてあげることも必要ですが、何より自分のよいところをよいところとして受け入れてあげられるようになってほしいですね。

そうはいっても、こんな自分が嫌だと思っているお子さんに、「それがあなたのよいところなんだよ」と言っても聞く耳を持ってはくれません。

お母さん（お父さん）が、お子さんのすごいと感じることを毎日呪文のように囁いてあげるのもいいですね。

でも、お母さん（お父さん）が疲れてしまっては意味がありま

せん。

深刻になりすぎず面白がってみましょう。お子さんも楽な気持ちで受け止めてくれますよ。

8　人のことばかり気になってしまい疲れてしまう

こういうことが起きている！

人目が気になる、相手が何を考えているのかを考える、ネガティブな人の感情を一緒に感じてしまう、1人のときでも他人のことを考えてしまう。このようなことで悩んでいるＨＳＣのお子さんはとても多いです。

単純に考えてみても、大人数の場にいると「人の気持ち×人数」なのでそれだけ疲れるのです。それにプラスして、「関係の深さ＝考える深さ」でもあります。大切な人や自分にとっての存在が大きければ大きいほど、深く考えてしまうともいえます。

なので、大人数の知らない人の集まりでも疲れますし、少人数であっても関係が深ければ、それはそれで疲れてしまうのです。

ＨＳＣのお子さんはとても相手思いで優しいがゆえに、自分よりも自分以外の人を優先して生活していることが多いでしょう。そのため、自分を優先することに慣れておらず、自然と他人のことに親身になりすぎてしまったり、自分のことを考えてもいい時間を相手のために使ってしまうということが起きてきます。頭の中は常に他人のことが占領している状態なのでストレスにもなっているということでしょう。人と自分を切り離して考えることが苦手なので、すべて自分事として感じてしまうということもあります。

そして、まじめ（誠実）な性格でもあるために、1つのことをとても深刻に捉えるのです。

どうしたらいい？

まずは、今誰のことを考えているのかがわかるといいですね。お子さんの頭の中では日常的に誰か自分以外の人のことを当たり前のように考えていますので、誰のことを考えているのだろうという視点で自分の思考を探ることは慣れないことです。難しいと感じるかもしれませんが、まずはそこに気づけるようになることで、ＨＳＣさんの本来の冷静さができてくるでしょう。

そして、次は自分のことを考えるイメージをしてみるのもいいですね。「何が食べたいのかな？」「どんな明日だったらワクワクするかな？」これも習慣になっていきます。

思考のお話をしましたが、物理的にも疲れたら休む、眠たいときは寝る、1人でこもる時間をつくる、こういうことも有効です。かといって、ずっと1人でいると不安になるというお子さんも多くいます。人との物理的距離よりも、頭の中の距離感の方が効果的ではあります。

そもそも、ＨＳＣのお子さんはとても優しい性格です。自分のことよりも他人を何とかしてあげたいという献身的な気持ちも兼ね備えています。こういう優しいお子さんに育ててきたのはもちろん今までのお母さん（お父さん）の子育てがあったからです。人との距離感をうまく掴めるようになると、自分のことを大切にしながらそこを十分に生かせるようになります。ＨＳＣって、とても素敵な人格ですよね。

9　自分にできることを他人ができないと、不満に思えてしまう

こういうことが起きている！

学校など集団の場ではいろんな子がいます。そんな中でも、ＨＳＣの子はまじめで努力家な子が多いので、不真面目な子や努力しない子に対して強い不満や怒りを感じることがあります。それは、自分の考えていることが基準になっているために、頑張ることや努力することが当たり前という考えなので、頑張らない子や努力しない子が許せない、怠けているという感覚になりやすいのです。

普通は何とかしようとするでしょうという、自分の考えが普通だと思ってしまうのです。

今まで自分がそうしてきたから、みんなもそうするのが当たり前と思っていたり、自分ができるんだから、みんなできるはずと思い込むのです。これは、ＨＳＣの子の自己評価が低いことが招いているとも考えられます。

できないんだったらできるようにしなければ、１人だけ楽をしてはみんなに申し訳ない、このよ

うに考えるＨＳＣのお子さんは、できないことをできるようにする力（根性）が自分にあるからこそ腹が立つのです。

自分のできるところに目を向けず、他人のできないところに目が向いてしまうのは、自分の合格ラインが高いがゆえに起こりますが、他人に厳しくすることでさらに自分も手を抜けない状況をつくるので、結果的に自分もつらいことをし続けなくてはならないということになってしまいます。

どうしたらいい？

お母さん（お父さん）は、いつもがんばりすぎてしまうお子さんのことが心配になってしまいますよね。お子さんが頑張りすぎないようにするためには、自分の今できていることをお子さん自身が正当に評価できるようになると、人に対しても同じように合格ラインを下げてあげることができ、同時に自分自身の合格ラインも下げられるようになってきます。

そのためには、「今すでにお子さんができていること」や、「今までしてきた過去」を見て、それがどれだけすごいことなのかを気長に伝えていってあげてください。

もしそれができないということは、お母さん（お父さん）自身を振り返ってみてください。

毎日家事をしていること、仕事に行っていること、お子さんのことを考えていること。これを当たり前だと思っていませんか？　それは本当は当たり前ではなく「できていること」なんです。お母さん（お父さん）自身も、ご自分のできていることをご自分に対して正当に評価してあげてくださいね。本当に素晴らしいことをしているんです。それに気づいてくださいね。

10　親からの愛情を受け取りにくい（思い違いをしてしまう）

こういうことが起きている！

ＨＳＣのお子さんは、自分が愛されていないと感じやすいということもＨＳＰの生きづらさにつながる原因の1つだと私は考えます。何人子供がいたとしても、親御さんからしたらどの子も大切な子供なので同じように愛しているし平等に接していると思います。

しかし、その愛情の受け取り方が複雑なＨＳＣのお子さんは、ほかの兄弟の愛されていると感じる部分と自分の愛されていないと感じる部分の情報で分析してしまいがちなので、自分だけ愛されてないと感じることも多いのです。

なぜこのような見方になってしまうのかというと、自分がもっと愛されてもいい、ワガママを受け入れてもらってもいいはずという理由づけのためというケースもあります。お子さんによってその理由は様々です。

また、自分のことを理解してくれない＝愛されていないと受け取る場合もあります。

どうしたらいい？

今まで、お母さん（お父さん）は、お子さんたちに対して同じだけの愛情をかけてきていると思います。それは、受け取る側の問題であり、お母さん（お父さん）の問題ではないこともありますので、しっかりと切り離して考えましょう。

もし、そこで自分に問題があると感じたとしたら、おそらく愛情の表現の仕方がわからなかったり、お母さん（お父さん）が十分伝わっていると思い込んでいたり、お子さんによって伝えにくいと感じる子がいるのかもしれませんね。

受け取りにくいＨＳＣのお子さんに対しては、「大げさに愛情表現して面白がる！」そして、愛情をかけられていないとは言わせない！　言い逃れできないくらいのオーバーリアクションで表現してあげてみてください。

慣れるまではお子さんも恥ずかしくて白い目で見てくるかもしれません。

お母さん（お父さん）も、始めは恥ずかしいかもしれませんが慣れてきます。いくつのお子さんであっても、心の中では確実に喜んでいます。

そうしているうちに、とても明るい空気になり、お子さんもお母さん（お父さん）もとても幸せな気持ちになれるものです。ぜひ、子供心に返って表現してみてくださいね。

親は平等に愛情を注いでいても、ＨＳＣのお子さんは、非ＨＳＣのお子さんと比べると、ネガティブな面に目が向きやすいこともあります。

愛情としつけ面が、50％ずつだとしてもお子さんは自分に注がれるしつけの50％に目が向き、他の兄弟を見るときには、注がれている愛情の50％に目が向いてしまうことがあります。

そうすることで、自分だけ愛情が少ないと感じてしまう原因の1つになっています。

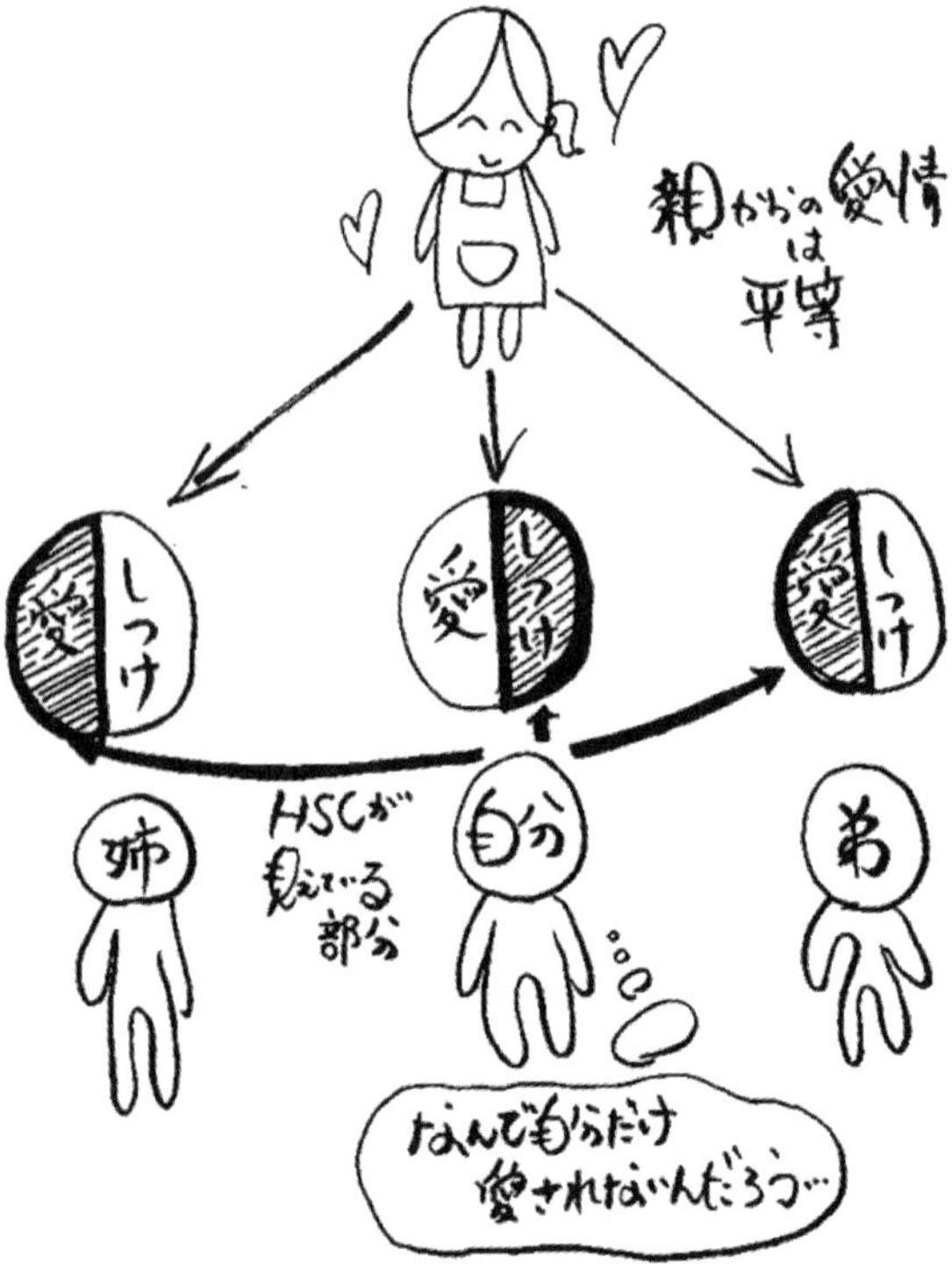

第8章

HSCは、こうやって自分らしくなっていくのです

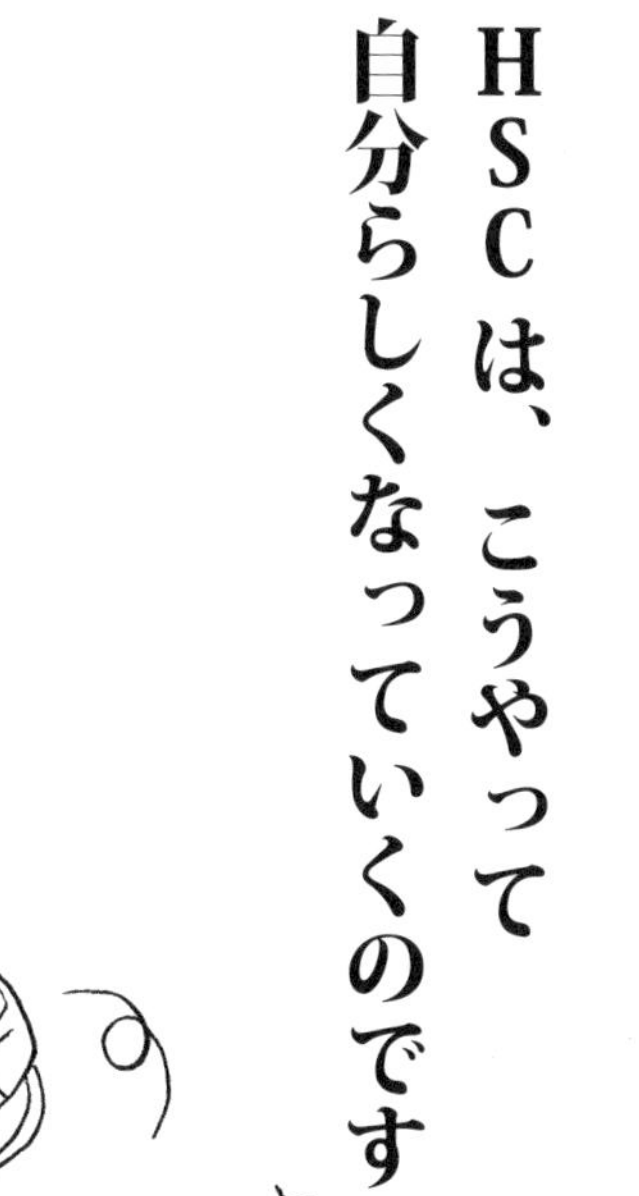

1　ＨＳＣに共通する5つの素敵な要素

まずはコレ！　お母さん（お父さん）にもっと深く知っておいてほしいこと

私が今まで見てきたＨＳＰさんに共通する「あなたが気づいていないこういう性格」がイイんですよね！　というところをお伝えしておきたいと思います。

お子さんを近くで見てきたお母さん（お父さん）なら「そんなこと知ってるよ」というところだと思いますが、それ以上に素敵な部分をもっと秘めているんです。

「うちの子はそんなことないです」「私（僕）はそんな部分はない」

そういう方は、まだ気づいていないかもしれませんね。

会話の節々から感じ取れるこのような性格は、私の出会ったＨＳＰさん皆さんに共通しています。

①　とってもまじめなんです！

・いつも全力

始めはいやいやだったことでも、結果的には全力で取り組んでしまうため疲れてしまいます。でも「いつも全力」で何かに取り組んでいる姿は人の心を動かします。

・なんでも真剣

ふざけたことも真に受けて真剣になるので、冗談が通じないと思われがちですが、そんな真剣さもひたむきさと捉えられ、どんな話も「真剣に聴いてくれる」人柄を見ている人はちゃんとわかってくれています。

・ウソが嫌い（誠実・正直）

ウソをつくことで罪悪感を感じ、自分を責めてしまうのもＨＳＰさん。「自分の気持ちに誠実」でウソをつかない分、人のウソは嫌がります。馬鹿正直という言葉がありますが、まじめだからこそどうしても嘘がつけないということもあるんですね。ウソをつかなくても顔に出てしまったり、隠せない部分もあります。愛あるウソが理解できる年頃になると、バランスもとれてきます。

② とっても努力家です！

・負けず嫌い

人に対しても負けず嫌いを発揮するときは「そんなこと競わなくても…」と感じることもあるかもしれませんが、負けないようにちゃんと努力するんです。できない自分とも戦ってできるようにしようと努力するんです。

努力が空回りすることもありますが、努力した分必ず報われます。

今までの努力に無駄は1つもありません。

・諦めない根性

「もうだめかも…」「やっぱり私には無理…」心配性で自信のないＨＳＰさんは、始めは大きな不安が押し寄せてくることも多いかと思います。でも、何もしないで諦めたくない、諦めるならやってみてからにしよう、そうジワジワと感じてくるでしょう。

諦めてしまうときは、何か外からの情報や刺激があったからかもしれません。諦めの悪さは成功につながります。いつか答えに出会えます。

・向上心

現状に満足せず、もっとよくなるには？　もっと楽にするには？　何かいい方法は？　考えることが本来大好きなＨＳＰさんなので、効率や成果を考えることが大好きです。時にその向上心を他人にも求めてしまいがちですが、現状に満足せず今よりもよい状態を求め続ける姿勢は、その願望を叶えて希望の未来を手に入れられることでしょう。

③　誰に対しても優しいのです！

・傷つけない

相手の顔色や心情を察するがゆえに、疲れてしまうことも多々あります。でも、何を言ったら人は傷つくのか、どんなことはされたくないのか、人一倍傷つきやすくて繊細なＨＳＰさんは誰よりも人の傷みがわかるのです。

優しすぎて人を嫌いになれないこともありますが、人はそういう器の大きい人になりたくても、なかなかなれないのです。

・思いやり

人だけでなく、植物や動物、時には物に対しても思いやりを発揮します。それだけ愛情深く、愛する力を持っています。表面的なことに囚われずその物の本質に寄り添い心を通わせることができます。その気持ちを感じて人々は癒されるのです。

・他人優先

どうしても自分は後回しになってしまい、自分を大切にすることが苦手なＨＳＰさんですが、小さな頃から他人を優先していたため、自分を大切にする方法を知らないだけなんです。自分を大切にすることができたとしても、自分だけを大切にはしません。どんなときも他人のことも気にかけてしまうのです。この自分と他人のバランスが取れるようになったとき、自然体でいても誰からも愛されてしまうのです。

④　見かけによらずめちゃくちゃ強い！

・正義感が強い

不安が強かったり、自信がないことが多いために、見た目は全然強そうではないＨＳＰさんもたくさんおられるのですが。正義感が強いために、間違ったことは大嫌い。自分のことだったら我慢するのに、友達が苦しんでいるのは黙ってはいられない。自分の損得は顧みず、正しいことを貫き通す強さ。見ている方からすると、「自分のことも大事にして〜」と言いたくなることもありますけどね。

・内省できる

「1人反省会」が日課のＨＳＰの皆さんですが、1人反省会ってとてもつらいことも多いんです。むしろ、つらいことが大半かもしれません。自分のできなかったことや、ダメだと思う部分に目を向けたり、つらい過去を思い出したり…そんなつらいことを毎日のようにしているだけで、とても心が強いということの証明ですよね。

本来ならば目を背けたくなるようなことにもまっすぐと向き合い、自分のよくないと思うことを改善しようとする心の持ち方は、やっぱり心が強くなければできないことなんです。

・自責に耐えられる

ＨＳＰさんは基本的には自責するタイプが多いように思います。他人に不満があったとしても、結局自分に結び付けて最終的には自責するといった印象です。自分を責めてしまう分自分は傷つくのですが、他人を傷つけずに自分だけ傷ついて解決しようとする姿勢は、なかなかマネできるものではありません。

本当は、自分だけを責めず、起きている出来事を冷静に捉え、自分だけが悪くないということを正しく判断できるようになってもらいたいと感じるところですが、自分を責めてそれに耐えているというだけで本当に心が強いと感じます。
そんな自分の強さに気づいてもらいたいですね。

⑤　とってもピュアな心の持ち主！

・純粋（素直）
素直な分、騙されやすかったり、損をすると感じることもあるでしょう。でも、自分の心の声が聴こえるようになると、自分の感情にも素直になれます。楽しいときにおもいっきり楽しいと感じることができたり、心から人に感謝できる人です。感謝できることでさらに自分自身の幸福感は想像以上に満たされるのです。

・無邪気さ
時には赤ちゃんのように甘えてみたり、些細なことに驚きを感じたり、普段は大人っぽく見えるお子さんでも、こんな瞬間を見逃していませんか？　これは、大人になってからも失われません。特定の相手にしか見せない姿かもしれませんが、とってもかわいいと感じてしまう部分です。しっかり者の印象が強いＨＳＰさんですが、こういった赤ちゃんのような純真さが垣間見れると、またさらに親しみやすくなりますね。

・感性が鋭い
五感が敏感なのは有名なＨＳＰさんですが、それをどう扱っていくかでまた世界が広がっていきます。大きな音が苦手なＨＳＰさんは多いですが、聴力が長けているということは音楽やかすかな自然の音を聞いただけで幸福感を感じることができるという感性も備わっています。

お子さんの敏感さは自分を癒すための武器になります。感受性を生かし、自分で自分を癒すこともでき、それが才能でもありますから、そこを生かしていけるとクリエイティブな人生が過ごせそうですね。

2　こんなＨＳＣのお子さんを育ててきたのは!?

どうしてこんないい子なの？

前述したように、ＨＳＣのお子さんは、とても素敵な要素をたくさん持っています。

この5つの要素は強弱があります。ＨＳＰの4つの要素ＤＯＥＳは、ＨＳＰさんの中でも思考が特に深いタイプがいれば、共感力がずば抜けて高いタイプがいた

り、感覚の鋭い部分は人によって様々です。

それと同じで、ＨＳＣのお子さんの素敵な部分も個人差はありますが、必ずと言っていいほどこの要素は持っているでしょう。

普段はお子さんのつらい側面ばかりが気になってしまうこともありますが、お子さんのそんな素敵な姿を垣間見たとき、とても幸せな気持ちになりますよね。

一度、思い浮かべてみてください。お友達や兄弟に優しくできているときや、お母さん（お父さん）に優しい言葉をさりげなくかけてくれていた場面が想像つきませんか。そういう素敵なお子さんに育ててきたのは誰でしょうか。たとえお仕事が忙しくて、一緒にいる時間が短かったとしても、お子さんにとってお母さん（お父さん）の存在はとても大きいものです。

お子さんの優しさやひたむきさは、そんなご両親から受け取ってきたことでしょう。

今この瞬間もお子さんのことを想っていますよね。

こんな要素を持っているＨＳＣって…

この性格って、そのまま出せたとしたら人としてとても素敵ですし、本来人に好かれる要素しかないですよね。なので、気の許せる友達にはそのままの自分であることができるのですごく好かれるのです。それなのに、大半の人に心を開けず、本来持っているいい部分を隠してしまうのがＨＳＣのお子さん。もったいない…そう思いますよね。こんなに素敵な性格の持ち主であるＨＳＣのお子さんは、どうして自分のいいところに気づかず隠してしまうのでしょうか。

単純に考えると、ただ単にそのままの自分でいればいいと考えるところですが、それがＨＳＣのお子さんにとっては頭ではわかっていたとしてもそうであることができません。頭で考えていることと、心で感じていることが複雑に絡み合ってしまうのです。

3　なんで本来の自分をだせなくなっちゃうの？

思い込みが大きな要因

本来は、こんなに素敵な性格であるにも関わらず、ＨＳＣのお子さんは何でそれを隠してしまうのでしょうか。

これは一言で言うと「思い込み」がとても大きな要因になっています。思い込みとは、ご想像がつくと思いますが、「絶対にそうだと信じて疑わない」という状況なんです。ＨＳＣのお子さんに限らず、人は思い込んだらそれが正しいと思っているために、そのこと自体を疑いもしなくなるのです。ＨＳＣのお子さんが日々深く考えたり、人の意見に耳を傾けているうちに、「こういうものだ」と決めつけていたり、「こういうことはよくない」と、自分の感情を無視して周りの意見やどう思われるかということを正解として採用していってしまうために起こります。

例えば、友達の誘いを断るという出来事に対して、「きっとあの子は断られたことで、ものすごく悲しい思いをしているのではないだろうか」と思い込みます。そして、それに対して「自分はなんてひどい人なんだろう」と、自分の性格も否定し思い込んでしまうこともあります。

このように１つの思い込みが次の思い込みを呼び、ＨＳＰの特徴と絡み合ってマイナスのセルフイメージが出来上がってしまうということが日常で頻繁に起きてきます。

4　マイナスなセルフイメージは変えられない？

マイナスなセルフイメージは後天的な要素なので変えられる

性格には、変えられる性格と変えられない性格の２種類があります。１つはＨＳＰの特徴である部分は先天性のものであると言われており、変えることができません。もう１つの性格は、後天的にできてきた性格です。これは、生まれてから今に至るまでにできた性格なので変えることができる性格になります。

マイナスなセルフイメージは生まれつきではなく後天的な要素になりますので、変えていけるのです。

例えば、下の図のように、性格の下層にあるのがＨＳＰの部分（ＤＯＥＳと第８章１で述べた性格の一部）です。そして、セルフイメージ（価値観や思い込み）は後天的に、その上に付け足されたものなので、上層に乗っかっている状態です。これだけびっしり上層に乗ってしまっていたら、本来のいいところは発揮できません。下層が見えないので上層の部分だけが自分の性格なのだと思ってしまいがちですが、それはつくり上げてきたもので、上層の必要なセルフイメージ＋下層がしっかり表面に出てきている状態が一番過ごしやすく、幸せを感じられる状態ということになります。

5　いらない（上層）を手放すと、いいところ（下層）が表面に出てくる！

本当の自分がわからなくなるのも「思い込み」が邪魔をしている

４でお伝えしたように、本来のＨＳＣのお子さんのいいところは、今

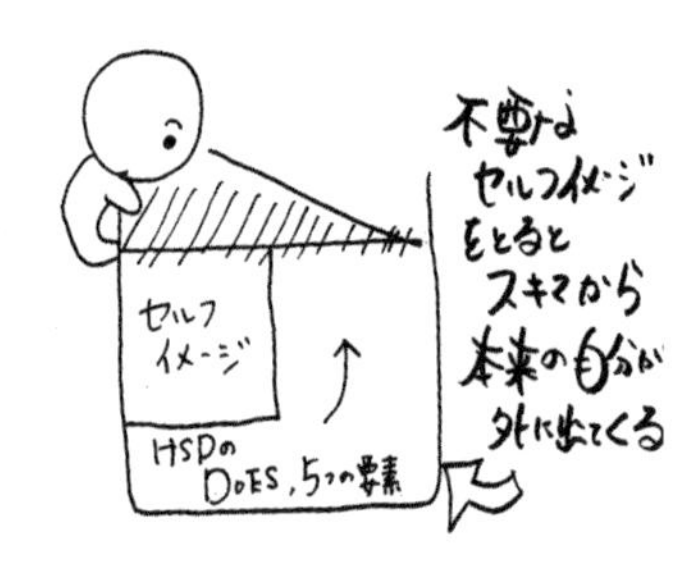

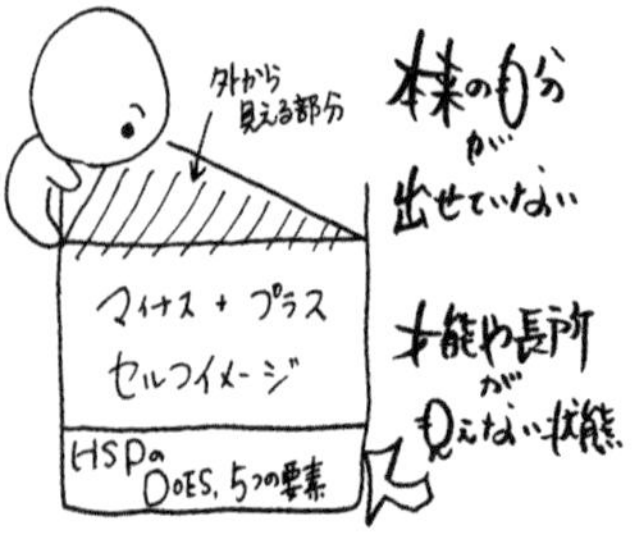

までの人生で経験してきたことなどでつくられたセルフイメージ（価値観や思い込み）によって覆い隠されてしまっている状態です。このような状態では、「本当の自分が何なのかわからない」「自分のしたいことがわからない」という気持ちになってしまうのも無理はありません。

ですので、HSCのお子さんのよさを出していくには、いかにこのセルフイメージを変えていくか、思い込みを書き換えていくかというところも大切になってきます。

①　まずは、お子さんがどんなセルフイメージを持っているのかを知る

セルフイメージを書き換えるには…

例えば「私はネガティブにしか考えられない」「私は友達がいない」「私は人との付き合いができない」「考えすぎる自分はよくない」「いつもがんばっていなければいけない」「失敗してはいけない」「人に嫌われてはいけない」「誰からも好かれなければいけない」「普通、人のことを優先するものだ」「友達とはこういうものだ」「学校に行かないのは悪い子だ」「休んではいけない」

中には、これって必要な考えなのでは？　と思うこともあるかもしれません。しかし、あくまでお子さんが苦しいと感じている思い込みだけをとっていってあげるという感覚です。お母さん（お父さん）にとってはこれが普通と感じる部分も、お子さんには違う感覚であることもありますので、《この思い込みがなければこの子は楽になるかな》という基準で選んで、書き換えられるといいですね。

②　日常で少しずつ「自分で」思い込みを変えられるようにする

お子さんは、自分の力で思い込みを変えなければなりません。例えば、「私はネガティブにしか考えられない」という思い込みがあった場合、誰かに「ポジティブに考えるようにしなさい」と言われても納得できず、半強制的に書き換えることになります。そうすると、納得できていないので書き換えるどころか、葛藤が起きて苦しくなってしまいます。なので、「自分はポジティブに考えられる」という思い込みで上書きしてあげるのです。

◎お子さんが「いつもネガティブに考えてしまう」ときは、質問してあげてください。「じゃぁ、ポジティブに考えられたときは？」始めは「ない」と言ったりしますが、それでも考えてはいるのです。徐々にポジティブに考えていることを見つけられるようになり、次第に自分のポジティブな面に目を向けられるようになり、自分はそこまでネガティブではないと思い込んでくれます。一度にたくさん考えると疲れてしまいますので、やりすぎずコツコツ気長に続けてみてくださいね。

6　これさえあれば！　という必要なもの【3つの芯】

この3つを持っていればＨＳＣは最強！

思い込みを変えてあげることも大切ですが、それ以上に大切なことがあります。それは「3つの芯」です。これがあることで、ＨＳＣのお子さんは他人に左右されず、自分のことを信じて自分らしくのびのびと人生を歩んでいくことができます。

自己肯定感を上げるノウハウや、自分軸にしていくノウハウも、表面的なことを改善するだけではただの「言い聞かせ」になってしまいます。

例えば「こうやって考えるといいんだよ〜」と、お母さん（お父さん）が伝えたとしても、お子さん自身がそれが腑に落ちていなければ、心の中では「したくないことをしている」状態になってしまいます。そうなると、一時的には努力で変化しますが、心の芯は変わらないので考え方はまた戻ってしまいます。

そして、その都度「こういうときは、こうやって考えるんだった！」と、その場面で意識的に考え方を切り替えるために、場面が変わると思いつかず応用が利かないという状態になってしまいます。

反対に、芯をしっかりつくってさえおけば、どんな状況であっても、自分の心に従って自分で判断して対処できるようになっていきます。

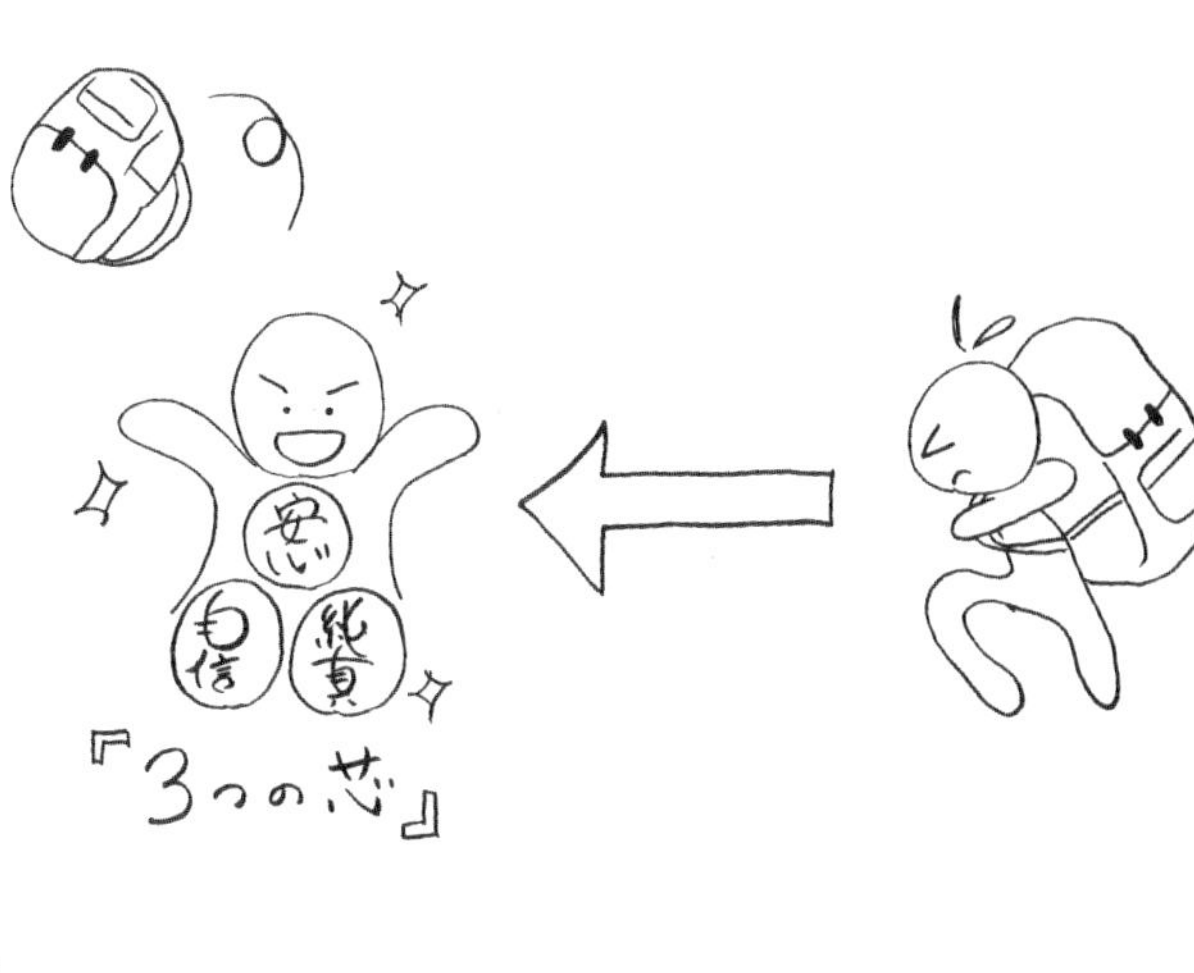

心の芯をつくるということを目で見える形で例えると、肉体と一緒ですね。

スポーツによって使う筋肉は違いますので、その競技で重要な筋力を鍛えていきますが、競技が変わってしまうと、また違う筋肉を鍛えたり、今まで鍛えていたところが逆に邪魔してしまうということもありますよね。どんな競技をしたとしても外せないのが【体幹】です。

心の芯を変えていくということは、身体の部位ごとの筋肉を鍛えるというよりも体幹を鍛えるという感覚ですね。

① 安心！

まず1つ目の「芯」は、【安心】です。自分自身に安心できることが必要となります。

自分自身に安心できるとは、「どんな自分であってもＯＫ」と思えるかどうかということです。ダメだと思う自分も、嫌いな部分も、自分の醜い部分も、それらをひっくるめて、自分の感情に許可してあげられることができるかということです。

ＨＳＣのお子さんは、思考も人一倍よく働きます。いろんなことを考えて分析もしています。常識やルールにとらわれやすい部分もあります。それだけ頭が回るということは、自分自身の感情に対しても厳しくしてしまう癖があります。

例えば、「宿題やる気がしないな～」と心では感じていても、「でもみんなやってるし、やらないと怒られそうだし、できていないのは恥ずかしいし」などと考えることもあるでしょう。

そんなときに、やらなきゃと思っているのにできない自分を責めてしまったり、言われてもやれない自分はダメな子だと思われているのではないかと他人の評価も気にします。「宿題をやらない」という選択をしても「宿題をやる」という選択をしても、どちらにしても自分を責めて自分を「否定」してしまうので、自分自身に対する安心感は養われません。「宿題をやりたくない自分」も「やらなきゃと頑張ろうとしている自分」も、「それでも行動に移せない自分」も「それができずに自分を責めてしまっている自分」も、「自分の考えや感情のすべてＯＫにしてあげる」ということです。

②　自信！

２つ目の「芯」は、【自信】です。これも安心と同じくとても大切なことです。

ＨＳＣのお子さんは、自分で自分を責めてしまったり、否定してしまうことが多いので、自信が持てなくなってしまうことはよくあります。

しかし、自信がない状態では、何をしても不安が強くなってしまいます。ＨＳＣのお子さんの不安が強くなる原因は、この自信のなさも影響していると言えますね。

自信をつけることも、急に大きな自信をつけようとするととても難しく感じるかもしれませんが、少しずつじっくりつけ方を教えてあげることで、自分の力で簡単に自信をつけられるような考え方に変わってきます。

例えば、何か小さなことに挑戦するときであっても、自信がないと「どうせ私にはできない」「こうなるかもしれないからやめておこう」このように考えて行動に移せなくなってしまうことも多くあります。これは新しく何かに挑戦するときもそうですが、日常でも頻繁にみられます。友達に話しかけるという行動1つをとってみても、「聞いてくれなかったらどうしよう」「変な風に思われたらどうしよう」これも、自信のなさからくるものです。同時に不安も大きくなり、また考え過ぎてしまうことにもつながります。

お子さんの自信をつけてあげるには、「今自分がすでにできていることを、いかに自分自身が認めてあげられるか」ということで大きく変化してきます。

③ 純真！

3つ目の「芯」は【純真】です。これは大きくなればなるほど忘れていってしまいますが、幼い子のような清らかな心です。HSCのお子さんの傾向としては、多くのことを考えて、空気を読むことや大人の顔色を察することができるために、実際の年齢よりも大人びていることが多々あります。そのため、同じ年齢の子のように、純粋に感情を出し切ったり、面白がったり、無邪気さを出すことにも抵抗を感じてしまうことがあります。

まじめな面やクールな部分も多いので、純粋に楽しむということに躊躇してしまうこともあるかと思います。これは、表面的にそういう部分を出すのではなく心の中で、「深刻に考えるのではなく面白がって、ワクワクできる」ということです。好奇心や感動するなど、感性を生かすのです。

「芯」を変えることは、お子さんが1人で始めるには少し難しいかもしれませんが、これは小学校で習う九九と同じ感覚で覚えていくことができます。どんな子でも何歳でも必ず身に着けていくことができます。第9章で詳しくお伝えしていきますね。

7　ＨＳＣであることはとても素敵なことだと気づく

変えられない部分は変えなくてよく、変えたい部分は変えられる

ＨＳＣのお子さんには、本当に素敵な要素がたくさんあります。負担に感じてしまう部分もあるかと思いますが、それはすべて変えられる部分の性格になります。

これがもし逆で、先天的なＨＳＰの部分が変えられる部分で、後天的にできたセルフイメージや３つの芯が変えられないとなったら、それは相当落ち込むことでしょう。

しかし、実際は逆なのです！　ＨＳＣのお子さんが持っている変えられない部分は変えなくていい部分で、変えたい部分は変えられるのです！

ＨＳＣのお子さんが、自分のことを自分自身が大切にでき、自分のことを好きになり、秘めている才能を存分に生かしてくれる未来を想像すると、ワクワクでしかありません。

そして、自分自身の力で自分の安心できる居場所を見つけていくことができたら、お子さんも幸せですし、お子さんを想うお母さん（お父さん）にとっても、とても幸せなことですね。

8　自分を大切にできるようになったその先にあるもの

先には色々な人生が待ち、父母も幸せを与えてもらえる

ＨＳＣのお子さんが、自分自身を大切にできるようになり穏やかな心と平穏な日常を手に入れることができると、その先にはいろんな人生が待っています。

・小さなことにも感動でき、小さな幸せを大切にできる
・他人に左右されず、自分自身で決めて行動できることの楽しさを感じられる日常
・自分の感情がわかり、自分の手に入れたいものや、やりたいことが見つかる
・心にゆとりがあるため、自分が幸せになる方法がどんどん思いつく
・自分自身が満たされることで、本能のままに社会貢献していくことができる

そんな素敵なＨＳＣのお子さんから、お母さん（お父さん）も幸せを与えてもらえます。

・お子さんが自立し、安心して見守っていることができる
・お母さん（お父さん）自身が自分の人生を、安心して楽しむことができる
・お子さんの様子に安心でき、希望に満ち溢れた未来を思い描くことができる
・家族みんながそれぞれ自分を大切にすることができ、お互いを尊重できる
・自分のかけてきた愛情の深さを思い返し、悔いのない子育て期間だったと感じられる

第9章　HSCが最短で幸せになれる方法

1　お子さんの無償の愛を受け取ってください

お子さんは唯一無二の宝物

ＨＳＣのお子さんが悩んでいる場合、それを見ているお母さん（お父さん）は確実と言っていいほど自分の幸せには目が向いていません。それは、自分よりも大切な存在が目の前で苦しんでいるのですから、当然ですよね。自分の幸せは二の次で、まずは誰よりも愛するお子さんに幸せになってもらいたいと考えるのが、親心でしょう。

私も、自分よりも大切に想う息子が４人います。親心というのは、たとえ自分の人生をすべてかけたとしても、この子の苦しみを減らしてあげたい、幸せにしてあげたいと思ってしまうものだと今も実感しています。

お子さんがこの世界に生まれた瞬間から、ともに成長していくことで自分の分身のような存在にも感じ、お母さん（お父さん）にとってお子さんは、１つとして同じ価値のものは存在しない唯一無二の「宝物」なんです。

どんなときも自分よりも優先してきたでしょうし、育てていく中で正直つらいと感じたこともあったでしょう。でも、そうやって試行錯誤しながらも一緒にそれを乗り越えてきた戦友のようなものでもあります。そして、お子さんのおかげで、お母さん（お父さん）ができるようになったことも山の様にあるのだと思います。育児をしながら育自をしてきたのです。

小さな頃のお子さんは、とてもはかなくて守ってあげるべき存在でした。お母さん（お父さん）がいなくては1人では生きていくこともできない、何も知ることもできないそういう生き物でした。でも、年月がすぎて行くうちに、食事ができるようになり、話せるようになり、自分で行動できるようになっていきます。守ってあげるべき存在も、自分の意思を持ち、徐々に1人の人として成長していきます。社会に出て、他人との交流も増え、だんだんと親の分身ではなくなっていきます。

お子さんも無償の愛を与えてくれている

そうなってきたとき、お子さんにとっての幸せと、お母さん（お父さん）にとっての幸せももちろん違ってきます。お子さんの幸せな姿が、お母さん（お父さん）にとっての幸せであることに変わりはありませんが、そのお母さん（お父さん）が考えている「お子さんにとっての幸せ」は、果たしてお子さんが本当に望んでいることなのでしょうか。

お子さんも成長しています。守ってあげるべき存在から、お母さん（お父さん）を守ってあげたいと思う頼もしい存在に変化してきてはいませんか？

今までお母さん(お父さん)が、お子さんにしてきたことを思い出してみてください。お子さんは、それだけの愛情をかけられてきたことに感謝しているとしたら、自分にとって大切なお母さん（お父さん）が、自分のために苦しんでいたり、自分を犠牲にしていることをどう感じるでしょうか。

繊細なＨＳＣであればなおさらです。どんなに小さなお子さんでも、少なからず感じ取っているでしょう。お母さん（お父さん）が、お子さんに無償の愛を与えているように、お子さんもお母さん（お父さん）に無償の愛を与えてくれているのです。

2　お母さん（お父さん）が幸せになってください

お子さんの愛を信じてあげてください

お子さんのお母さん（お父さん）に対する想いは、想像以上です。大きくなってくると、恥ずかしさや反抗でそんな素振りは見せないかもしれません。

でも、本書を手に取ってくださっているお母さん（お父さん）が育ててきたお子さんは、確実に無償の愛を心に秘めていてくれています。

そんなお子さんの愛を受け取って、お子さんのためにもまずは自分が幸せになることにエネルギーを少し使ってみてください。

お子さんのことを考えるのをやめる必要はありません。お子さん

のことを考えつつも、その中の半分でいいので自分に向けてみてください。

第８章では、お子さんが「自分で自分のことを大切にする」ということについてお伝えしました。

お母さん（お父さん）も一緒です。

幸せのモデルがいなければ、お子さんは本当の幸せを探すのに時間がかかってしまいます。

お子さんが「自分も幸せになっていいんだ」と心から思えるように、まずは、お母さん（お父さん）が３つの芯を大切にし、自分を大事にして幸せのモデルになってあげてください。

３　幸せになるために必要なこと①【安心】

自分自身に安心できること

まず、１つ目に大切なことは「自分自身に安心できること」です。

自分自身に安心できる状態とは、「どんな自分であってもすべてOKとしてあげる」ということです。

そして、それをするためには、まず自分がどんな感情をもって、どういうことを考えているのかということがわかる必要があります。

安心のつくり方（安心安定カウンセラー起業講座 マインドハグ®から引用）

① １つの出来事を何か思い出してください。今日あった出来事でも構いません。

② そのときの自分の胸の中には、もう1人の自分がいます。その自分は、どんな気持ちだと言っていますか？「悲しい」「怖い」「不安」「嬉しい」「淋しい」。何と言っているでしょうか。もしかすると、「わからない」というかもしれませんし、黙っていることもあるかもしれませんね。

③ 次に、あなたの頭の中では何を考えているでしょうか。「ちゃんと○○しなきゃ」「もっと○○を頑張らなきゃ」「こんなことで泣いたらダメ」「恥ずかしいから我慢しよう」誰かと比べていたり、自分にダメ出ししていることもあるかもしれません。あるいは、「これしてみようか！」と、何かいいことを閃いたかもしれません。

④ あなたの胸の中にいる子と、頭の中にいる子は兄弟（姉妹）だと想像してみてください。駄々をこねる弟をお兄ちゃんが言

い聞かせているかもしれません。あなたの中の兄弟はどういう関係でしょうか。２人はどんな性格をしていますか？

⑤　２人がなんと言っているのかわからない場合は、どんな関係になっているのかを想像するだけでも構いません。しくしく泣いている妹をお姉ちゃんがヨシヨシとそっと撫でているかもしれませんし、２人とも主張が強く喧嘩しているかもしれません。

⑥　２人がイメージできたら、この２人はあなたの愛すべき子です。２人とも否定せずヨシヨシと抱きしめてあげてください。何か言っていたらそれを同じ言葉で伝え返してあげてください。

「やりたくないよ〜」と言っていたら「やりたくないんだね」そう返してあげるだけで構いません。
※このとき、２人がイメージできなければ１人として想像しても構いません。

⑦　これからいろんな場面でこの２人は登場してきます。
１日１回で大丈夫ですので、①〜⑥をやってみてください。それだけで、安心感は自然とつくっていくことができます。

4　幸せになるために必要なこと②【自信】

自分自身を信用できる

次に大切なことの２つ目は「自分自身を信用できる」ということです。

何かに挑戦したり、行動したりすることを、自分自身が認めてあげることも大切ですが、「大きなできた」を褒めてあげるだけでは、行動できなかったときは責めてしまい自信がそがれてしまいます。

ですので、自分自身が今までしてきた「小さなこと」の積み重ねを、いかに認めてあげることができるかということも大切になってきます。

そこを認めてあげることができれば、自分が今までしてきたことを心から認めてあげることができ、自信が持てるようになります。

自信の取り戻し方

①　まずは、今のあなたが毎日していることを思い出してみてください。仕事、料理、掃除、洗濯、お子さんのお世話、幼稚園や学校のこと、習い事のこと、パートナー（妻・夫）のこと、両親のこと、義両親のこと、ペットのお世話、自分のこと。どんな分野でも構いません。大事なのは、「今、日常で当たり前にしていること」です。例えば、朝起きるということもその１つです。いくつ思い浮かんだでしょうか。たくさんあると思いますので、書き出してみてもいいですね。

②　次に独身時代のことを思い出してみてください。あなたが結婚して、お子さんを出産するよりも前のことです。実家に暮らしていたかもしれませんし、１人暮らしをしていたかもしれません。どんなことをして、誰と会っていたでしょうか。

③　では、①と②を比較してみましょう。あなたが②でしていなかったことを、①ではいくつしているでしょうか。いくつのことができるようになったでしょうか。

④　スゴイ数ではありませんか？　もしここで「そんなにないな～」と感じた方は、もっと細分化してみてください。「大きなこと」ではなく「小さなこと」を探しましょう。

例えば、ただ単に「朝起きる」だけというあなたが当たり前に思っていることを例に考えてみましょう。独身時代は、自分の出勤の時間に合わせて、自分の支度ができる時間を逆算して、朝食をさっと済ませる設定で起きていました。それが今お子さんを育てている時点ではどう変化していますか？　お子さんの支度にかかる時間に合わせ、朝食を人数分つくり、弁当などもあるかもしれません。幼稚園や学校に行くための準備も手伝いが必要な時期もあります。お仕事をされている場合は、自分の支度もします。今はそれだけのことを考えて起きています。独身時代の自分が今すぐにそれをしてと言われたら、絶対にできませんよね。

⑤今は当たり前になってしまっていますが、あなたがしていることは実はとてもすごいことなんです。そこに気づいて、そのまま認めてあげてください。いかに自分のこと以外のことを日々こなしているのかに、あなた自身が気づいて認め、正当に評価してあげてください。

まずは、そこから自信を取り戻していきましょう！

5　幸せになるために必要なこと③【純真】

幼い子供のような純粋さを思い出す

そして、3つ目の大切なことは、「幼い子供のような純粋さ」です。

忙しさに追われる日々や、大人になっていく中で「大人とはこういうものだ」という考えがどこかにありませんか？

美味しいものを食べたときの満面の笑みや、面白いことを見つけたときのワクワク感。子供のころは当たり前にあった感情に正直に表現することや好奇心、「なんでだろう？」という疑問もワクワクして答えを探していたはずなのに、大人になるとその「なんでだろう？」も深刻に考えて必要以上に重く捉えてしまいます。

幼い頃の純真無垢な気持ちが失われると、理性中心に動くようになり人生を楽しむことが難しくなってしまいます。

何をしても楽しかった3歳児の気持ちを思い出し、人生にメリハリをつけていきましょう。

純真さの思い出し方

① 普段のあなたは、どんなときに楽しいと感じますか？　最近楽しいと感じたのはいつでしょうか？　思い出せない方もいるかもしれません。

② では、今自分以外のことは何も考えなくてもよい自由を手に入れたら何をしたいと思いますか？

イメージできるでしょうか。

・イメージできた場合は、それをしているときのあなたはどんな表情をしていて、どんなことを考え、どんな行動をしているでしょう。子供のようにはしゃいで、とても楽しく過ごしているかもしれません。おもいっきりそれを感じてみましょう。

・イメージできない場合、お子さんのことで悩んでいる日常に慣れてしまい、自分のことになるととっさに思いつかないこともあるかもしれません。それだけ自分の幼い無邪気な気持ちを我慢して、お子さんを優先してきたのかもしれませんね。

③　イメージできなかった場合、まずは好きな食べ物を食べて「おいしいな〜！」と味わってみてください。好きな香りを嗅いで「いい香り〜！」と感じてみてください。耳を澄ませて音楽を聴いて感じる、日向ぼっこをして温かさを感じる、美しいものを見てきれいだと感じる、まずは五感を意識的に使うようにしてみましょう。

④　感じることに慣れてくると、自分の感情に気づきやすくなり、そこに正直になることで自分の持っているはずの純真さを、少しずつ思い出してきます。悩みや問題に対し深刻になりすぎないために、人生を楽しみ幸せを感じるうえでとても大切なことです。あなたの感性を刺激し、ハッピーセンサーを敏感にしてあげましょう。

6　「自己肯定感」という言葉にばかりとらわれないで

そんな自分もアリだなと思ってあげて

お子さんがつらいのは、自己肯定感が低いため。自己肯定感を高めれば自分らしく生きられる。今は「自己肯定感を高める」ことがよいことだという情報が多くあり、どうしてもそこに執着してしまいがちです。

もちろん自己肯定感が高いということは悪いことではありません。でも、そこにばかりとらわれてしまうことで大事なことを忘れてしまうのです。

第9章3でお伝えした、「安心」をつくるということで自然と自己肯定感は高まりますし、自己肯定感が下がってきたと思ったら、自分でいつでも簡単に上げることができるものなのです。一生懸命になって、そこに大きなエネルギーを使って習得しなくても「心のベース」ができていれば、下がったら自然とあげられるのです。

この「自己肯定感」という言葉にだけとらわれ過ぎてしまうと、ほかのことに目が向かなくなり、心のベースのバランスが悪くなってしまいます。

ベースのバランスが悪くなることで、自分自身の心の成長が少なくなってしまったり、人生の中で起こる出来事を十分に楽しめることも少なくなってしまいます。

いろんな情報に翻弄されるのも、よりよくしたいというお母さん（お父さん）の頑張りの表れでもありますので、「そんな自分もアリだな」と思ってあげてくださいね。

7　自分のご機嫌をとって心に余裕を

自分のご機嫌取りはとても重要

先ほども「3つの芯」の部分で少しお伝えしましたが、お母さん（お父さん）自身が、自分のご機嫌の取り方を知っていますか？

安心でイメージした、自分の心の中にいる兄弟（姉妹）は何をしてあげたら喜んでくれるでしょうか。

普段からお母さん（お父さん）の心の中で、一緒に悩み、一緒に成長してくれているこの兄弟（姉妹）は潜在意識の部分なのですが、潜在意識はご機嫌をとってあげることで気分よく日々を過ごしてくれるものです。

潜在意識のこの兄弟は、毎日のように「やりたくないvsやらなきゃ」「眠いvs起きなきゃ」など、いろいろな兄弟げんか（葛藤）を繰り広げてはいると思いますが、それだけでも疲れてしまいます。疲れてくると、さらに気持ちに余裕がなくなり、イライラや不安、焦りの感情が消化しきれなくなってきて兄弟げんかが頻発してきますので、自分のご機嫌とりはとても重要になってきます。

好きな時間をつくったり、じっくりと感動してみたり、あなたなりのご機嫌取りの方法を見つけて、兄弟が話し合いに折り合いをつけることで穏やかな日常が増えてきます。自分のご機嫌をとって心にゆとりをつくってあげましょう。

8　妄想力をつけよう

ポジティブな妄想をしてみよう

お母さん（お父さん）は、普段はどんな妄想をするでしょうか。

何かに不安になったり、うまくいかないことを考えてみたりと、ネガティブな想像ばかりしていませんか？

ネガティブな妄想をすること自体は悪いことではありません。この先に起こりうる可能性に対して準備ができたり、段取りをしたり、何か対策をすることができるのも、こういった不安があるからこそできるものでもあります。

でも、不安や失敗ばかり考えてしまうことで、潜在意識はそうなる未来が願望であると勘違いしてしまいます。

そう勘違いしてしまうと、知らず知らずのうちにその不安な妄想が現実になるような行動をとるようになってきてしまいます。

自分で不安な未来や、うまくいかない未来を引き寄せてしまうということが起きてきます。それはもったいないですよね。

ですので、ひとまずネガティブな想像をしてしまうことはやめなくてもいいです。考えてしまったら、その続きにポジティブな妄想をしてみてください。

例えば、「こうなったらどうしよう」という未来を想像したら、その続きで「でもこういう展開だったら面白いかも」「こういう（よい）状況になる可能性もあるかもしれないな～」と、妄想してあげてください。

頭の中で考えることは、誰にも見えていません。どんなことを考えても自由なのです。どうせ引き寄せるならイイ未来のほうがいいですよね。

9　相談できる人ではなく話せる人を1人つくっておこう

相談する人と話せる人の違い

相談できる人と話せる人、何が違うのかというと、アドバイスをされるかどうかということがポイントです。悩みがあったときに、1人で抱え込むことは自分のこだわりを持ったまま考えるのでその悩みから抜け出すのに少し時間がかかってしまいます。

そんなときに話せる人がいると、話しているうちに解決の方向性を自分で見出していけますが、相談できる人の場合は、アドバイスをされるため余計に迷うこともありますし、その意見に惑わされてしまうこともあります。

ですので、悩んだときは「話せる人」をオススメしたいですね。

アドバイスはプロから

HSCのお子さんに関する相談は、なかなか周りから理解されないことも多いですし、話してその状況を相手に理解してもらうだけで疲れてしまいます。

一般的な子育てで通用しないことが多かったり、お子さんの行動や考え方が複雑なためザックリとしたアドバイスはいくつも試さなければならないため、多くのエネルギーと根気が必要になってきます。

そんなときに、心の専門家に相談することで、的確にアドバイスをもらうことができ、お母さん（お父さん）の負担も、お子さんのストレスも最小限で済みます。

10　お母さん（お父さん）の幸せはお子さんに伝わっている

お子さんの負担を減らすことを最優先にしていくべき

お母さん（お父さん）自身が幸せを感じて過ごしているかは、ＨＳＣのお子さんであればおおむね感じ取っていることもあるでしょう。

何か自分のために無理をしているんじゃないか、我慢していることでストレスが溜まっていそう、そんなこともＨＳＣのお子さんは敏感に感じ取ります。

お母さん（お父さん）が、自分の人生を楽しむことができたり、幸せを感じながら過ごすということは、お子さんにこのような心配を与えないという意味でも、負担を減らしてあげるために最優先していくべきことかと感じます。

そして、幸せのモデルとして「こういう人生を歩みたい」という指標にもなっていきます。

お子さんの悩みを何とか楽にしてあげたいという想いは、お子さんを愛する親である以上なくすことはできませんが、そのためにお子さんを変えようとすることはとても難しいことで、大変なエネルギーを必要とします。

しかし、自分を変えることはそれほど大変なことではありません。

不可能なことを継続しようとするために、変化する前にやめてしまい効果が出ないということは起きますが、確実に継続できることであれば苦痛なく習慣にしていくことができます。

習慣になってしまえば、気づいたら変化しているといった感じです。

まずは、お母さん（お父さん）自身が、自分がお子さんの幸せモデルになってあげるつもりで、人生を楽しく「3つの芯」を大切にし、「心のベース」をつくって幸せを感じられるようにしていけるといいですね。

第10章 それでも親は何かしてあげたいと思ってしまうのです

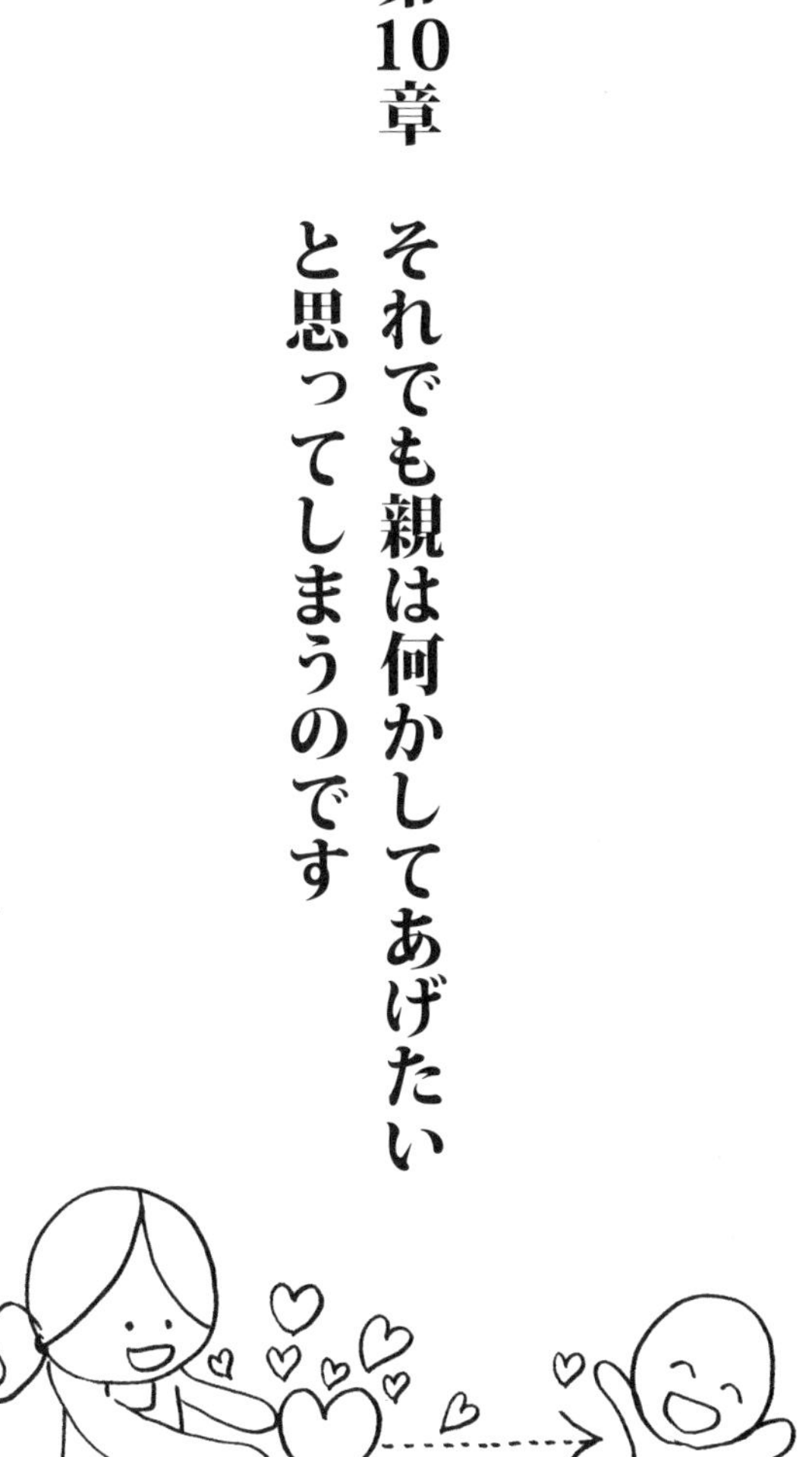

1　オールＯＫの愛情をかけてあげる

聴いてあげる

お子さんにとって、自分の考えを自分の中だけで完結させようとするのは、とても時間のかかることですし、ストレスに感じてしまうことも多々あります。

でも心優しいＨＳＣのお子さんは、お母さん（お父さん）に心配をかけないように、不安にさせないようにと、１人で考え込んでしまいます。考えて考えて、それでも答えが見つからないときは、お母さん（お父さん）に頼ってくるかもしれません。

そんなときはお子さんは自分の考えを整理するためのヒントを求めているだけであって、答えを教えてほしいわけではない場合が大半です。

出来事や感情の「一部分だけ」を伝えてくることもあります。そんなときは、追及して話を深く聴いてあげたくなりますが、その一部分を受け止めてあげるだけでいいんです。

このとき、お母さん（お父さん）は、一旦自分の価値観は横に置いて話を聴いてあげられるといいですね。

まずは、うなずいてあげるだけでもいいですよ。

伝えてあげる

そして、お子さんが話してきたことを「伝え返す」ことで返事をしてあげます。

肯定でも、否定でもない、便利なコミュニケーションは「伝え返す」ということです。

お子さんは、伝え返したことで、自分の考えを聴いてくれたことに安心感を持ち、さらに否定もされず、価値観の押し付けもされていない状態なので、より安心して自分のことを話せるようになり、落ち着いて自分の考えを自分で整理することができるようになります。

たとえ、お子さんが間違ったことを言っていたとしても、それを無償の愛情で返してあげるのです。「どんなあなたであったとしても、私にとってはかけがえのない大切な存在なんだよ」という心のメッセージが、お子さんに伝わることで、お子さんは、自分の考えにも安心できるようになります。

お子さんにとって、安心できることで、自分の居場所ができてきます。

お母さん（お父さん）が、まずお子さんにしてあげられることは、「どんなあなたもオールＯＫ」という姿勢で、ドーンっと構えて受け止めることです。

2　人生の先輩としてのアドバイス

視野を広げる手助けと視点を変えるヒント

１でもお伝えしたように、お子さんは自分の中だけで考えを整理して完結させようとするので、とても時間がかかります。でも、早く答えが欲しいとは限りません。自分で答えを導き出すことにこだわりを持っている場合もありますので、やみくもに正解を教えてあげるのはおせっかいと捉えられてしまうこともあります。

お子さんの年齢では、情報量や経験値がお母さん（お父さん）よりもはるかに少ないということも事実です。

実際に、この少ない経験の中で知り得た情報だけで、自分で解決しようとするのですから、視野も狭くなってしまいがちですし、解決方法が見つからない場合も出てきます。また、こだわりが強い傾向のお子さんも多いので、自分のこだわる部分以外の視点を思いつかないこともあります。

そんなときは、人生の先輩として少し情報提供してあげるというのも、お母さん（お父さん）がお子さんにしてあげられることの１つです。

「こんな考え方をする人もいるし、こういうことを経験したことがあるよ」という自分の経験談もいいですし、「それって見方によってはこうやって捉える場合もあるよね」と視点を変えるヒントをあげるのもいいですね。あくまで、お母さん（お父さん）の価値観は、少し横に置いておいたまま伝えてあげると、お子さんも素直に聞き入れてくれやすくなります。

子供の行動できない部分のフォロー

精神年齢が高めで大人びている印象の子が多いHSCですが、それでも実際は子供に違いありません。時には甘えが出て、楽を選ぶこともありますし、行動しようとしたときに恐怖心や不安が押し寄せ、1人では立ち向かえないこともあります。

そんなときに、少し背中をそっと押してあげるということも、お子さんの成長を手助けするためにしてあげられることですね。

大きな1歩を思いっきり突き飛ばすと、お子さんは恐怖でしかありません。ですので、ちいさな1歩を優しくそっと背中を支えてあげながら、一緒に前に1歩出てみるというイメージがいいですね。

たとえ自分1人の力で前に出たわけではなかったとしても、まずは、最初の1歩が出たことにお子さんは、自信を持つことができ、次の1歩が軽やかになってきます。

その繰り返しで、気づいたらかなり前進していたという状況にまた喜びを覚えるのです。

こうやってサポートされながらでも成功体験を繰り返すことで、「少し怖いけど、私ならできる気がする」という、根拠のない自信が自然と育まれていきます。

3　幼い頃の純真さを取り戻させてあげる

不正解を恐れ、深刻になりやすい

ＨＳＣのお子さんは、本当によく考えるので常日頃から何かを分析していることが多くなります。自分のことに関する分析であったり、他人のことや状況のことなど、考えることに終わりがないということもあるでしょう。

このように、考えることが多くなり、分析をすることが増えると、その先にある正解、不正解を求めたくなります。

日本の教育では、かなり緩和されてきましたがどうしても正解を求める方向で考えるということが中心になっているため、正解、不正解を決めたくなるものです。

正解、不正解を求めるということは、「間違うこともある」んですが、ＨＳＣのお子さんは「間違いたくない」という心理が強くなりやすい子も多く、どんなことに対しても「深刻になりやすい」ということが起きてきます。

どんなことでも深刻に捉えるということは、深く心に刻むという意味があり、重く捉えるということでもあります。

ＨＳＣのお子さんは、気質上深く考える力を持っていますが、場合によっては深く考えないようにすることもできます。

それができるようにするには、純真さを思い出させてあげるということです。HSCのお子さんの場合は、人1倍深く考えるので思考が優位になりやすいため、感情の部分は抑え込んでしまいがちです。

思考より感性を磨くお手伝いを

純真さを思い出させるには、幼いころの無邪気さを思い出させてあげる感覚です。

転んだときに「痛い」と感じ、思いっきり泣いて「この痛みをわかってもらいたい」とすがってくるときのような、自分の気持ちに正直になるという感覚です。

おいしいケーキを食べたときに「もう1個食べたい！」と素直に言えてしまう感覚や、なにか「楽しそう！」「面白そう！」と感じ、ワクワクして探求するという感じです。

深刻になると、どうしても忘れてしまいがちです。

まずは、お母さん（お父さん）がお手本となって、お子さんと一緒に面白がってみるというのも楽しいですよ。面白がることで、おかあさん（お父さん）自身も気楽に考えることができるようになり、そこに加えてお子さんの笑顔が見れたりすると、とても明るい雰囲気になります。

まずは、楽しいことやおもしろいこと、おいしい、きれい、きもちいいなどの感覚を「感じる」練習を、日常で促したり、一緒に楽しんであげてみてくださいね。

4　伝えるときのポイントを知っておく

「私言葉」で感情を添える

お子さんに自分の考えを伝えるときに、どうしても親目線や大人目線になってしまいがちです。

ＨＳＣのお子さんに限らず、たとえ親子であっても上から押さえつけられるような言い方をされたり、自分の考えが尊重されない状況では、せっかくお子さんのために何かしてあげたいと感じているお母さん（お父さん）の想いも、ひねくれてお子さんに伝わってしまいます。

まずは、伝えるときに「私を主語」にすることと、お母さん（お父さん）自身の感情を添えて伝えてあげるように意識してみましょう。

例えば、

・「（あなたは）何か困ったらお母さん（お父さん）に話してね」↓優しく伝えていますが、お子さんは「話さなきゃいけない」と義務的に感じてしまい、モヤッとすることもあるでしょう。

これは、主語が「あなた」になっていることと、感情ではなく行動だけを伝えているために、そういうマイナスな印象を持たれてしまうのです。

これを「私を主語」にして、「自分の感情」を伝えるように変換します。

・「（私は）何か困ったときに話してくれると嬉しいな」という言い方になります。

こうやって言われたときは、自然と強制されているという印象が薄れ、お子さんもその感情を知り心を動かされるという心理になります。

繊細で傷つきやすいＨＳＣのお子さんは、ほんの些細なものの言い方1つで傷つくことがあります。

なので、お母さん（お父さん）は慎重に言葉を発しようとしていることも珍しくありません。

しかし、そこにばかり気を使っていては、お母さん（お父さん）の本当の気持ちをお子さんは知ることもできず、お母さん（お父さん）の思っていることとやっていることにチグハグを感じて、ＨＳＣのお子さんは余計に戸惑ってしまうこともあります。

自分の感じていることをストレートに「私言葉」で伝え、心と言葉のチグハグをなくすことで、お子さんはより安心して、お母さん（お父さん）とコミュニケーションをとっていくことができるようになっていきます。

5　子供と自分の未来に希望を持つ

ネガティブなイメージを否定せず、一旦受け入れてあげる

想像力の強いＨＳＣのお子さんが悩んでいる状況ですと、ネガティブな展開を想像して悲観的になってしまうことがあります。ネガティブな展開もよりリアルに想像してしまうため、怖くなってしまったり、不安が大きくなってしまうこともあります。

そういう状況になっているときには、自分の力でポジティブなイメージや希望を持つことは難しいと感じると思います。

しかし、ネガティブなイメージばかりを続けてしまうと気持ちも落ち込み、想像した現実を引き寄せてしまうということも起こります。

なので、ポジティブなイメージをしていきたいところではありますが、ネガティブなイメージを無理にかき消そうとすると、さらに強くなってしまうということが起こります。

では、どうしたらいいのかというところだと思います。

そんな、気分の落ち込んだＨＳＣのお子さんをサポートしているお母さん（お父さん）にできることは、ネガティブなイメージを否定せず、一旦受け入れてあげたら、そこから逆のポジティブなイメージを一緒に想像して発想の転換を手助けしてあげるということをしてみてください。

発想の転換のお手伝いをしてあげる

もう少し詳しくお伝えすると、まずはお子さんのネガティブなイメージ「こうなったらどうしよう」という展開を否定せずに、「そういう風に思うんだね」と受け入れてあげましょう。怖いと感じることもあるかもしれませんし、不安も大きくなっていることもありますので、ハグしてあげたり手を握ってあげたりと、落ち着くまで触れ合って安心させてあげてもいいですね。

落ち着いてからで構いませんので、別の展開をイメージします。お子さんは、これ以外の展開を考えることができないかもしれません。

そんなときに、お母さん（お父さん）が考える理想の展開を共有してあげましょう。こうなるかもしれないけど、逆にこうなる可能性もあるとお子さんには思いつかない展開を一緒にイメージしてみてください。

所詮ただの想像だろうと思うかもしれませんが、明るい未来をイメージすることで、気分も上がり、その気分に行動が伴い、そういう現実に自分が向かっていくという未来を引き寄せていきます。

普段ポジティブなイメージをすることに慣れていないお子さんは、お母さん（お父さん）が想像するポジティブなイメージをお手本に、少しずつ自分でポジティブなイメージができるようになります。もともと、リアルに不安や恐怖を感じるほどネガティブなイメージができるのです。それができれば、必ずその逆もできるようになるのです。

少し、お子さんが方向転換できるよう、発想の転換のお手伝いをしてあげてみてくださいね。お母さん（お父さん）も、一緒になって明るい未来に進んでいくことができますよ。

6　不登校時、目に見えることに惑わされない

学校に行っていないから休めているであろう

朝起きると、お子さんは布団の中でぐっすり。今日も学校へ行かないのかな。起こさず、このまま寝かしておいてあげよう。そう思うことが毎日となってくると、お母さんも「いつか学校に行けるようになるのだろうか」「このままどうなってしまうのだろうか」「この先私はどうしてあげたらいいのか」と、不安になってきますよね。お子さんが学校に行かない生活になると、お子さんもお母さん（お父さん）も徐々に不安が募ってきます。

学校に行っているときは辛くても一生懸命に絶えて、それでもどうにもつらくなってしまい、学校に行かないという選択をした日は、少し気が楽になるでしょう。学校に行かない生活って、楽だな。その日はそんな気持ちで過ごせるでしょう。しかし、次第に学校に行けないことに罪悪感を持ったり、行けない自分を責めてしまったり、このまま行けないのではないかと不安になったり、お子さん自身もとてもつらく、心が休まらなくなってしまいます。

学校を休んでいる間も、頭の中ではグルグルと自分を責めていたり不安になったり、焦りが出ている状態なので、十分に休息できていないこともあります。

ＨＳＣのお子さんは、さらにお母さん（お父さん）に心配をかけることになると考え、そんなことを話してはこないかもしれません。自分でもどうしたらいいのか、なんと伝えたらいいかもわからない、そんなこともよくあります。

もし、お子さんがそっとくっついてきたときは何も言わずにそっとそれを受け入れてあげてください。無理に言葉にしなくても、それだけでお子さんは安心してくれます。休んでいるようで休めていないお子さんに、そっと寄り添ってあげてみてくださいね。

家では元気にやりたいことをしているからもう大丈夫

学校をしばらく休んでいると、学校に行かない生活にも慣れ、少し元気が出てきたかのように見えることがあります。友達と遊ぶ機会があったり、自分の好きなことに没頭したり、時にはテレビを観て大笑い、そんなこともあるでしょう。

お母さん（お父さん）は、そんな姿を見て安心することでしょう。

「だいぶ元気が戻ってきたからそろそろ学校に行くように言ってみようかな」そう考えることもあるかもしれません。

しかし、お子さんに学校の話をしたとたんに、またふさぎ込んだように部屋に籠ってしまう、急に泣き出すということもあります。お母さん（お父さん）からしたら、ただ学校に行きたくないから休んでいるだけの様に感じてしまうこともありますよね。

そんなとき、ＨＳＣのお子さんは、学校は辛いものだという印象がついてしまっていることもありますので、またあのつらかった日常に戻ると想像しただけで怖くなってしまうこともあります。一見、元気そうに見えても、お子さんの心の中にはそのときの感情がまだ残っていると不安につながることもあるため、焦らずゆっくりとお子さんと話し合いをしながらこれからの話を進めていけるといいですね。

7　自分の中にあるお子さんへの愛を信じる

あなたが1番子供を見てきたことは間違いない

お子さんのためにしてあげられることはしてあげたいという気持ちと同時に、ＨＳＣのお子さんのことがわからない、親なのにこの子にどうしてあげたらいいかわからない。こんな自分に、あなたはダメ出ししていませんか？

一生懸命育ててきて、愛情もたっぷり注いできたつもりだったのに、今こんなに苦しい思いをさせてしまっている。私の育て方が悪かったのだろうか、私がしてきたことがこの子を苦しめてしまっているのではないだろうか、そうやって自信をなくしてしまっていませんか？

今、こうして本書を手に取り、お子さんが少しでも楽になれるようにと、今も自分のことよりもお子さんのことを大切に思っていますよね。

お母さん（お父さん）の心の中には、お子さんに対する大きな愛情があります。今まで、どんなときも一番近くでお子さんのことを見てきて、1番長い時間をともにしてきているでしょう。お子さんが体調を崩したとき、お子さんの大切な日を祝ったとき、お子さんの成長を感じたとき、今まで十分に寄り添うことができてきました。

仕事が忙しく、休みも少なく、お子さんを預ける日も多かったかもしれません。それでも、お子さんにとってお母さん（お父さん）と一緒にいられる日はとても幸せを感じられたことでしょうし、その分一緒にいられる日を大切にしてきたことでしょう。

今は、お子さんのあまりのつらさにお母さん（お父さん）自身が焦りや不安を感じて、今までの「してきた」自分を見つけてあげることができない状態かもしれません。

もう一度ご自分のしてきたことを正しく理解してみてください

本書を読んで、お子さんの気持ちを楽にしてあげるためには、まずはお母さん（お父さん）自身が「自分を大事にする」ということが一番大切であり、一番お子さんにとって幸せなことであり、お子さんが求めていることであると、ご理解いただけていたら嬉しいです。

もう一度、今までお母さん（お父さん）が、お子さんにしてきてあげたことを思い出してみてください。ある特定の1日でも構いません。または、何気ない日常のワンシーンでも構いません。それは、なぜそうしてきたのでしょうか。ご自身のためですか？　他の誰でもない愛するわが子のためですよね。

そして、もう1つ思い出してほしいことがあります。そのときのお子さんの声や表情を覚えていますか？　忙しい日常を過ごしていたときは気づかなかったかもしれません。でも、今そのときを思い出すとお子さんの笑顔や楽しそうな声が思い出されるかと思います。お母さん（お父さん）のそばで安心した表情で眠っていませんでしたか？　それがすべてです。

お子さんのお母さん（お父さん）に対する愛情もまた、無償の愛なのです。お互いのその想いをどうか信じて、自信をもっていてくださいね。

8　親と子がそれぞれ自立する

親が自分の人生は幸せであると胸を張って言える

今までに何度かお伝えしてきたように、お子さんが楽になるため、幸せを感じた人生を歩むために最も重要なことは「お母さん（お父さん）が自分自身を大事にし、他の誰のためでもない自分のための人生を生きること」です。そうしてお母さん（お父さん）自身が自分の人生が幸せであると胸を張って言えることで、お子さんの最大の道しるべになるのです。

お子さんは、お母さん（お父さん）のそんな姿を見て、安心し、憧れ、お子さん自身も自分の人生を歩めるようになってきます。お子さんは、日々成長しています。いつまでも赤ちゃんではないのです。乳幼児期、学童期、思春期、社会人、いつになってもお母さん（お父さん）にとっては愛する子です。でも、子育ての方法はいつまでも一緒ではありません。

お母さん（お父さん）自身が、自分の人生を歩み、お子さんもまたそれとは別の自分の人生を歩み、お互いがお互いの人生を素敵だと思える。そんな状態は、親子それぞれが自立した状態です。自分の不安をどちらかに押し付けることもなく、お互いの価値観を尊重し、1人の人として認めあえるようになった未来を想像してみてください。

イメージができ、そんなことを感じる日常を過ごしたいと感じましたら、今日からその第1歩を確実に歩み始めていきましょう。

9　まずは今日から「自分が幸せになる」ことを意識する

自分がお子さんの幸せモデルになる

① お母さん（お父さん）自身が、自分がお子さんの幸せモデルになってあげる
・まずは、自分が先に幸せになることが、お子さんを幸せにする最短コース
② 人生を楽しく「3つの芯」を大切にし、「心のベース」をつくって幸せを感じられる
・「安心・自信・純真」の心のベースをまずは今すぐ始めてみる（第9章3～5）
③ 3つの芯をお子さんにアウトプットする

・お子さんにもやってもらえたら、自分のアウトプットにもなり一石二鳥
・お子さんに無理強いしないように気をつけてくださいね
これ以外の今回お伝えしたノウハウは、「余力があるときだけ」

④
・まずは、ご自分が楽になるという目的を最優先しましょう
難しいことを継続しようとすると、変化する前にやめてしまい効果が出ませんが、確実に継続できる超簡単なことであれば苦痛なく習慣にしていくことができます。

実践して1か月経ったら1か月前の自分と比べてみましょう。確実に変化してきているはずですよ♪

10　心理カウンセリングを知り活用する

心理カウンセリングとは

今までのカウンセリングは、病気の人が行くところ、心が弱い人が通うもの、一度かかると通い続けなければいけない、話

を聴いてくれるだけ、そんなイメージが大きかったと思います。今でもそう思っている方も、多くおられます。

しかし、最近のカウンセリングはイメージとは全く違うのです。

もちろんカウンセラーによって方針が違いますので、すべてのカウンセリングルームが同じ方法ではありませんが、従来のようなイメージとは全く違う印象を持たれる方は多いのも事実です。

クライアント様のお話を傾聴し、共感する。従来のカウンセリングはそのような「お話を聴く」ことが主流でしたが、今は「解決に導く」ということをメインにしているカウンセリングも多くあります。

悩みの根本を解決し、通い続けなくてもよいというのもメリットですね。

HSPにとっての理想のカウンセリング

私がこだわるカウンセリングは、悩みの根本を解決し、カウンセリングが終了してもその効果は持続し、新たな悩みが来たときに自分自身の力で解決できるということを目的としています。

もちろんその過程の中で、話を傾聴する部分も大切になってきますので、その部分も大切にしています。

HSPの気質は、DOESという4つの特徴があります。

この特徴は、もちろんカウンセラーに対しても発動するので、初めて会うカウンセラーと信頼関係をつくることがなかなか難しい部分でもあると感じます。

会話のつじつまが合わなかったり、少しでも表情が曇ったりするとＨＳＰさんはすぐに察知し警戒してしまいます。

カウンセラーと信頼関係ができることで、よりスピーディーに解決に向かうことができますので、カウンセラーとの相性はぜひ大切にしていただけたらいいかと思います。

私が考えるカウンセリングの活用方法ですが、やはり１日でも早く利用していただくことをおすすめしたいですね。つらい、苦しいと感じる時間は１日でも少ないほうがいいと私は思います。もし何もしなければ現状は変わりません。

カウンセリングとは、険しい山道を登るときにガイドをつけて登るのか、１人で登るのかというくらい改善の仕方に差が出てきます。

１人で山道を登っていると、本当にこの道で合っているのだろうか？　と不安になったり、あっちこっちと迷いやすいため遠回りすることもあります。

今まで十分に大変な思いをされてきた方に、これ以上険しい山を１人で登らせたくはないので、少しでも最短コースで安心しながら改善していくためにも、やはりガイドをつけて山を登ることをおすすめしたいですね。

ＨＳＰ／ＨＳＣの方、ＨＳＣ子育て中の親御さんが、１人でも多く、１日でも早く、「自分らしい生き方をするとこんなにも楽なんだ」と思える日が来ますように願っております。

おわりに

ここまで本書を読んでくださったＨＳＣ子育て中のお母さん（お父さん）、ご心境に何か変化はありましたでしょうか。

本書を手にとったことで、ご自身の今までしてきたことを誇らしく思い、お子さんに対する深い愛情を再認識するとともに、愛するお子さんとご自身の希望ある未来を信じることができるきっかけになっていたら嬉しいです。

ここまでお子さんを大切に想ってきたあなたの子育ては、決して間違っていないと私は思います。お子さんがＨＳＰ気質であることに悩んでいる今が1番つらいと感じているかもしれません。しかし、楽になる方法を知ったらあとは上がっていくだけです。これからは自分のことも大切にしながら、肩の力を抜いて1人で抱え込まず一緒に子育てしていきましょう。そして、ＨＳＰ気質のお子さんへ伝えていただきたいです。

今はＨＳＰだから辛いと感じることが多いかもしれません。でも、その性格だからこそ今よりも何十倍も幸せになる未来にたどり着けます。私も息子もここを乗り越えたからこそ自信を持って言えます。

ＨＳＰ気質を希望に変えられるときが必ず来ます。ご自分のことを信じてあげてくださいね。

私は、20年前から空手に携わり、今は空手の指導者として多くのお子さんと親御さんとの関わりを持たせていただいています。

武道とは厳しい面もありますが、お子さんの心の成長にとても役立ちます。本書でお伝えした「自信」をつけることに大いに役立ってくれる競技でもありますし、私個人の感想ですが、自分と向き合い努力してきたことがすべて自分の結果として返ってくるのでＨＳＰ／ＨＳＣとは、とても相性がいいとも感じています。

空手という武道を通して、心身の学びの環境を与えてくださっている、全日本新武道連盟桜塾酒井寿和代表、酒井貴盛師範をはじめとする空手関係者の皆様。いつも温かくご指導いただきありがとうございます。

私に心理カウンセラーとして多くの学びと経験を与えてくださった㈲ライフビジョン代表取締役カウンセリングの師匠でもある矢場田勲先生。知識だけでなく、自分自身の心と正しく向き合い改善するプロセスを経験させてくださいました。その経験があったからこそ、今ＨＳＰ／ＨＳＣ専門カウンセラーとして多くの方の人生を変えるお手伝いをさせていただくことができており、そこに喜びとやりがいを見出せる私らしい人生を送ることができています。人生を大きく変えてくださった先生との出会いに心から感謝しています。

私の仕事への理解を示し、温かく見守ってくれている4人の息子、夫、母。親として人としての学びと、深い愛情を教えてくれてありがとう。いつも明るい笑顔で、穢れなく温かい心を向け癒してくれる最愛の息子たちには、平凡な日常にこそ幸せがあると教わりました。

最後になりましたが、本書の制作にご協力くださった出版関係者の皆様、これまでに私と出会ってくださったすべての方と、何よりここまでお読みくださった読者の皆様に心より感謝を込めて、お礼申し上げます。

本当にありがとうございました。

稲石　まよ

著者略歴

稲石　まよ（いないし　まよ）

1982年、愛知県豊川市生まれ。2003年看護師免許を取得。総合病院で18年勤務、訪問看護を1年半経験。24歳で結婚。男児4人を出産する。夜勤や休日勤務する傍ら家事や育児に追われ、HSPという気質もあり自分自身を追い込み、うつ病、パニック障害、適応障害などを発症。信頼できるカウンセラーと出会ったことで自身の心の悩みを解消、HSPの長所を生かせるようになる。自己肯定感の低かった次男を何とかしようと育児方法や自己肯定感を育てる方法をいくつも学んできた。次男はHSCだとわかり、その後の関わりで自己肯定感はどんどんと育まれ、今では多くの友達に囲まれ自分軸でのびのびと学校生活を楽しんでいる。20年前に趣味として始めた空手も、今では指導員として大人から子供まで幅広く指導。武道を通して子供の心を育むことや、メンタルトレーニングの分野にも力を入れている。現在は、子育てをしながら、HSP気質で悩むすべての人が自分の繊細な個性を生かして自分らしく幸せを感じながら過ごせるよう、HSPに特化した他人に左右されない人生を歩む方法「自己肯定HSPストレスフリーセラピー」を提供。自身の知識と経験、HSP気質を生かし、HSP/HSC専門カウンセラーとして全国的に活動している。

・全日本新武道連盟 桜塾 支部長
・安心安定カウンセラー起業講座 認定講師

HSP/HSC専門カウンセリング「Best Life Labo.」
ホームページ, ブログ：https://bestlifelabo.com
メールアドレス：bestlifelabo.2020@gmail.com

イラスト：ほりぐち　ひさこ

4児を育てるHSP/HSC専門カウンセラーが導く
HSC子育てが楽になる　ほんわり癒しのセラピーBOOK

2023年3月26日　初版発行

著　者　稲石　まよ　
発行人　森　忠順
発行所　株式会社 セルバ出版
〒113-0034
東京都文京区湯島1丁目12番6号 高関ビル5B
☎03（5812）1178　FAX 03（5812）1188
https://seluba.co.jp/
発　売　株式会社 三省堂書店／創英社
〒101-0051
東京都千代田区神田神保町1丁目1番地
☎03（3291）2295　FAX 03（3292）7687

印刷・製本　株式会社 丸井工文社

Printed in JAPAN
ISBN978-4-86367-804-0